EN İYİ ÇİN YEMEĞİ YEMEK KİTABI

Evde En Sevdiğiniz Çin Yemeklerini Çoğaltmanıza Yardımcı Olacak Güzel Renkli Görsellerle Birlikte Ağız Sulandıran 100 Tarif

Yağmur Güler

Telif hakkı Materyal ©2023

Her hakkı saklıdır

Yayıncının ve telif hakkı sahibinin uygun yazılı izni olmadan, bu kitap bir incelemede kullanılan kısa alıntılar dışında hiçbir şekilde, şekilde veya biçimde kullanılamaz veya dağıtılamaz. Bu kitap, tıbbi, yasal veya diğer profesyonel tavsiyelerin yerine geçemez.

İÇİNDEKİLER

İÇİNDEKİLER	3
GiRiiŞ	6
1. Tatlı ve Ekşi Tavuk	7
2. Yeşil Soğanlı Kek	9
3. Kung Pao Tavuğu	11
4. Çin Kaburgası	13
5. Çin Tavuklu Kızarmış Pilav	15
6. Szechwan Karides	17
7. Restoran Usulü Sığır Eti ve Brokoli	19
8. Genel Tavuk	21
9. Asya Tavuk Salatası	24
10. Çin Biberli Biftek	26
11. Izgara Asya Tavuğu	28
12. Yumurta Bırakma Çorbası	30
13. Fal Kurabiyeleri	32
14. Sebze Lo Mein	34
15. Limonlu Tavuk	36
16. Yengeç Rangoonu	38
17. Tavada Kızartılmış Kar Bezelyesi	40
18. Sarımsaklı ve Soya Soslu Tavada Kızartılmış Ispanak	42
19. Baharatlı Tavada Kızartılmış Napa Lahanası	44
20. İstiridye Soslu Kızarmış Marul	46
21. Tavada Kızartılmış Brokoli ve Bambu Fideleri	48
22. Kuru Fasulye	50
23. Tavada Kızartılmış Bok Choy ve Mantarlar	52
24. Tavada Kızartılmış Sebze Karışık	54
25. Buda'nın Lokumu	56
26. Hunan Tarzı Tofu	58
27. Ma Po Tofu	61
28. Basit Bir Sosta Buğulanmış Fasulye Loru	64
29. Susamlı Kuşkonmaz	66
30. Cızırtılı Sarımsak Soslu Patlıcan ve Tofu	68
31. İstiridye Soslu Çin Brokoli	71
32. Tuzlu ve Biberli Karides	73
33. Sarhoş Karides	75
34. Şanghay Usulü Tavada Kızartılmış Karides	77
35. Cevizli Karides	79
36. Kadife Tarak	82

37. Erişte ile Deniz Mahsülleri ve Vejetaryen Tavada Kızartma 85
38. Zencefilli ve Yeşil Soğanlı Bütün Buğulanmış Balık 88
39. Zencefil ve Bok Choy ile Tavada Kızartılmış Balık 91
40. Siyah Fasulye Soslu Midye 93
41. Hindistan Cevizi Körili Yengeç 95
42. Kızarmış Karabiber Kalamarı 97
43. Acı Sarımsaklı Konfeti ile Kızarmış İstiridye 99
44. Kung Pao Tavuğu 101
45. Brokoli Tavuk 103
46. Mandalina Lezzet Tavuğu 105
47. Kaju Tavuk 108
48. Kadife Tavuk ve Kar Bezelyesi 111
49. Siyah Fasulye Soslu Tavuk ve Sebzeler 114
50. Yeşil Fasulye Tavuğu 117
51. Susam Soslu Tavuk 120
52. Tatlı ve Ekşi Tavuk 123
53. Moo Goo Gai Pan 126
54. Yumurta Foo Yong 129
55. Domatesli Yumurta Tavada Kızartma 131
56. Karides ve Omlet 133
57. Tuzlu Buharda Haşlanmış Yumurta Muhallebi 135
58. Çin yemeği kızarmış tavuk kanadı 137
59. Tay fesleğenli tavuk 139
60. Kızarmış domuz yağı 141
61. Domates ve Dana Tavada Kızartma 143
62. Sığır Eti ve Brokoli 146
63. Karabiber Dana Tavada Kızartma 148
64. Susamlı Sığır Eti 151
65. Moğol Sığır Eti 154
66. Kereviz ve Havuçlu Sichuan Sığır Eti 157
67. Hoisin Dana Marul Kapları 160
68. Soğanlı Kızarmış Domuz Pirzolası 162
69. Bok Choy ile Beş Baharatlı Domuz 165
70. Hoisin Domuz Tavada Kızartma 167
71. İki Kez Pişmiş Domuz Göbeği 169
72. Tavada Krepli Mu Shu Domuz Eti 172
73. Siyah Fasulye Soslu Domuz Eti 175
74. Tavada Kızartılmış Moğol Kuzu 177
75. Kimyon Baharatlı Kuzu 179
76. Zencefilli ve Pırasalı Kuzu 182

77. Tay fesleğenli sığır eti	184
78. Çin barbekü domuz eti	186
79. Buharda pişirilmiş barbekü domuz çöreği	189
80. Kanton kızarmış domuz yağı	192
81. Hindistan cevizli körili erişte çorbası	195
82. Baharatlı dana şehriye çorbası	197
83. Sarı Yumurta damla çorbası	200
84. Basit mantı çorbası	202
85. Yumurta Bırakma Çorbası	205
86. Yumurtalı kızarmış pilav	207
87. Klasik domuz kızarmış pilav	210
88. Sarhoş erişte	212
89. Sichuan ve dan erişte	215
90. Sıcak ve Ekşi Çorba	218
91. Domuz Congee	221
92. Karides, Yumurta ve Yeşil Soğanlı Kızarmış Pilav	223
93. Füme Alabalık Kızarmış Pilav	226
94. İstenmeyen Kızarmış Pilav	228
95. Lap Cheung ve Bok Choy ile Buharda Pişirilmiş Pirinç	231
96. Dana Erişte Çorbası	234
97. Sarımsaklı Erişte	237
98. Singapur Eriştesi	239
99. Napa Lahanalı Cam Erişte	242
100. Hakka Erişte	245

ÇÖZÜM   248

GİRİİŞ

Çin yemeği, evinize teslim edilebilecek kolay bir yemek için popüler bir seçimdir.

Evde Paket Servisi, en sevdiğiniz Çin yemeği yemekleri için otantik ve takip etmesi kolay tarifler sunan kapsamlı bir Çin yemek kitabıdır. İster baharatlı Szekua mutfağının hayranı olun, ister Kanton yemeklerinin leziz tatlarını can atıyor olun, bu yemek kitabında her şey var.

Bu yemek kitabında mezeler, mezeler, çorbalar ve tatlılar da dahil olmak üzere çeşitli Çin yemekleri için ağız sulandıran 100 tarif bulacaksınız. Her tarifin takip edilmesi kolaydır ve ayrıntılı talimatların yanı sıra kullanılan malzemeler ve bunların Çin mutfağındaki kültürel önemi hakkında bilgiler içerir.

Yemek pişirme deneyiminizi daha da keyifli hale getirmek için 100 tarifin her biri güzel renkli bir görselle birlikte gelir. 100 renkli resim (her tarif için bir tane) vardır ve en sevdiğiniz Çin yemeği yemeklerini evde kolaylıkla çoğaltmanıza yardımcı olur.

İster Çin mutfağında yeni olun, ister deneyimli bir şef olun, Evde Paket Servis sizin için mükemmel bir yemek kitabı. Özgün tarifleri ve takip etmesi kolay talimatları ile en sevdiğiniz Çin yemeklerinin tadını evinizin rahatlığında çıkarabilirsiniz.

Lezzetinden ödün vermeden yemeğinizdeki her bir malzemeyi bilerek, aynı veya daha kaliteli yemekleri maliyetinin çok altında yapabilseydiniz ne olurdu? Kulağa kazanan bir kombinasyon gibi geliyor ve bu Çin Paket Servis tarifleri kitabı bu vaadi yerine getiriyor!

1. Tatlı ve ekşi tavuk

Yapar: 8

İÇİNDEKİLER:
- 1 (8 Ons) Konserve Ananas Parçaları, Süzülmüş (Meyve Suyu Ayrılmış)
- ¼ Bardak Mısır Nişastası
- 1¾ Bardak Su, Bölünmüş
- ¾ Su Bardağı Beyaz Şeker
- ½ Bardak Damıtılmış Beyaz Sirke
- 2 Damla Turuncu Gıda Boyası
- 8 Derisiz, Kemiksiz Yarım Tavuk Göğsü, kuşbaşı
- 2 ¼ Bardak Kendiliğinden Yükselen Un
- 2 Yemek Kaşığı Bitkisel Yağ
- 2 Yemek Kaşığı Mısır Nişastası
- ½ Çay Kaşığı Tuz
- ¼ Çay Kaşığı Öğütülmüş Beyaz Biber
- 1 yumurta
- 1 ½ Bardak Su
- Kızartma için 1 Quart Bitkisel Yağ
- 2 Yeşil Dolmalık Biber, 1 İnç Parçalar Halinde Kesilmiş

TALİMATLAR:
a) Bir tavada sirke, ananas suyu, şeker ve portakal gıda boyası ile 1 ½ su bardağı su ekleyin. Ateşten alıp kaynayana kadar pişirelim.

b) Şimdi ¼ bardak mısır nişastasını ¼ bardak su ile birleştirin ve sürekli karıştırarak tavaya dökün. Kenara koyun.

c) Bir kapta un, 2 yemek kaşığı mısır nişastası, yumurta, 2 yemek kaşığı sıvı yağ, tuzlu su ve beyaz biberi ekleyin. İyice karıştırın.

d) Şimdi bu hamura tavuk parçalarını ekleyin ve karıştırın.

e) Yağı tavada ısıtın ve tavuk parçalarını ekleyin, güzelce kızarana kadar kızartın.

f) Dolmalık biber ve ananas parçası ile servis tabağına aktarın ve üzerine acı sos ekleyin.

2. yeşil soğanlı kek

Yapar: 8

İÇİNDEKİLER:
- 3 Su Bardağı Ekmek Unu
- 1 ¼ Bardak Kaynar Su
- 2 Yemek Kaşığı Bitkisel Yağ
- Tatmak için biber ve tuz
- 1 Demet Yeşil Soğan, İnce Doğranmış
- 2 Çay Kaşığı Bitkisel Yağ

TALİMATLAR:
a) Bir kapta un ve su ekleyin, bir hamur yoğurun ve plastik örtü ile örtün. 30 dakika bekletin.
b) Hamuru 16 eşit parçaya bölün ve her birini ¼ inç kalınlığında açın.
c) Yağ ile fırçalayın ve tuz ve karabiber serpin.
d) 1 yemek kaşığı yeşil soğan ekleyin ve puro şeklinde sarın.
e) Tekrar ¼ inçlik bir tabaka halinde açın.
f) Yağı tavada ısıtın ve her bir keki her iki taraftan da güzelce kızarana kadar kızartın.
g) Servis yapın ve tadını çıkarın.

3. Kung Pao Tavuk

Yapar: 4

İÇİNDEKİLER:
- 1 Pound Derisiz, Kemiksiz Tavuk Göğsü Yarımları, kuşbaşı
- 2 Yemek Kaşığı Beyaz Şarap
- 2 yemek kaşığı soya sosu
- 2 Yemek Kaşığı Susam Yağı, Bölünmüş
- 2 Yemek Kaşığı Mısır Nişastası, 2 Yemek Kaşığı Suda Çözünmüş
- 1 Ons Acı Şili Ezmesi
- 1 Çay Kaşığı Distile Beyaz Sirke
- 2 Çay Kaşığı Esmer Şeker
- 4 Adet Doğranmış Yeşil Soğan
- 1 Yemek Kaşığı Doğranmış Sarımsak
- 1 (8 Ons) Kestane Sulayabilir miyim
- 4 Ons Doğranmış Fıstık

TALİMATLAR:
a) Bir kaseye 1 yemek kaşığı soya sosu, sıvı yağ, 1 yemek kaşığı şarap, mısır nişastası ekleyin ve iyice karıştırın.
b) Tavuk parçalarını ekleyin ve birleştirmek için karıştırın.
c) Örtün ve 30 dakika buzdolabına koyun.
d) Bir tencereye 1 yemek kaşığı şarap, sıvı yağ, 1 yemek kaşığı soya sosu, mısır nişastası, soğan, kestane, yer fıstığı ve sarımsağı ekleyin. 5-10 dakika pişirin.
e) Ayrı bir tavada tavuğu ekleyip 10-15 dakika kavurun ve ardından sosa aktarın.
f) 10-15 dakika pişirin ve ardından ısıyı kapatın.

4. Çin kaburga

Yapar: 2

İÇİNDEKİLER:
- 3 Yemek Kaşığı Hoisin Sos
- 1 yemek kaşığı ketçap
- 1 yemek kaşığı bal
- 1 Yemek Kaşığı Soya Sosu
- 1 yemek kaşığı Sake
- 1 Çay Kaşığı Pirinç Sirkesi
- 1 Çay Kaşığı Limon Suyu
- 1 Çay Kaşığı Rendelenmiş Taze Zencefil
- ½ Çay Kaşığı Rendelenmiş Taze Sarımsak
- ¼Çay Kaşığı Çin Beş Baharat Tozu
- 1 Pound Domuz Kaburga

TALİMATLAR:

a) Bir kapta bal, ketçap, soya sosu, hoisin sosu, sake, limon suyu, pirinç sirkesi, zencefil, beş baharat tozu ve sarımsağı ekleyin. Birleştirmek için atın.

b) Bu karışıma kaburga ekleyin ve iyice kaplamak için karıştırın. 2-3 saat buzdolabına koyun.

c) Fırını 325 derecede ısıtın.

d) Etlik tepsisine dibi kapanacak şekilde su ekleyin. Rafı deneyin ve kaburgaları bu rafa aktarın.

e) Rafı fırına aktarın.

f) Altın kahverengi olana kadar 40 dakika pişirin.

g) Sıcak servis yapın ve tadını çıkarın.

5. Çin Tavuğu Kızarmış Pilav

Yapar: 4

İÇİNDEKİLER:

- 1 yumurta
- 1 Yemek Kaşığı Su
- 1 Yemek Kaşığı Tereyağı
- 1 Yemek Kaşığı Bitkisel Yağ
- 1 Soğan, Doğranmış
- 2 Su Bardağı Pişmiş Beyaz Pirinç, Soğuk
- 2 yemek kaşığı soya sosu
- 1 Çay Kaşığı Karabiber
- 1 Su Bardağı Haşlanmış, Doğranmış Tavuk Eti

TALİMATLAR:

a) Bir kaba alın, su ve yumurtayı ekleyin, iyice çırpın.

b) Tereyağını tavada eritip yumurtalı karışımımızı ekleyin ve 1-2 dakika pişirin. Ateşten aldıktan sonra parçalara ayırın.

c) Bir tencereye alıp yağı kızdırın, soğanı 1-2 dakika kavurun.

d) Tavuk, soya sosu, biber ekleyin ve 5 dakika kızartın.

e) Şimdi pişmiş yumurtayı ve pişmiş pirinci ekleyin, iyice karıştırın ve ocağı kapatın.

f) Sert.

6. Szechwan Karides

Yapar: 4

İÇİNDEKİLER:
- 4 Yemek Kaşığı Su
- 2 yemek kaşığı ketçap
- 1 Yemek Kaşığı Soya Sosu
- 2 Çay Kaşığı Mısır Nişastası
- 1 Çay Kaşığı Bal
- ½ Çay Kaşığı Öğütülmüş Kırmızı Biber
- ¼ Çay Kaşığı Öğütülmüş Zencefil
- 1 Yemek Kaşığı Bitkisel Yağ
- ¼ Bardak Dilimlenmiş Yeşil Soğan
- 4 Diş Sarımsak, Kıyılmış
- 12 Ons Pişmiş Karides, Kuyrukları Çıkarılmış

TALİMATLAR:
a) Bir kap alın ve ketçap, su, soya sosu, dolmalık biber, bal, zencefil ve mısır nişastasını karıştırın. Kenara koyun.

b) Yağı tavada ısıtın ve soğanı sarımsakla 1-2 dakika soteleyin.

c) Şimdi karidesleri ekleyin ve 5 dakika kızartın.

d) Sosu dökün ve iyice karıştırın.

e) Orta ateşte 10-15 dakika veya sos köpük köpük olana kadar pişirin.

7. Restoran Usulü Sığır Eti ve Brokoli

Yapar: 4

İÇİNDEKİLER:
- ⅓ Fincan İstiridye Sosu
- 2 Çay Kaşığı Asya (Kavrulmuş) Susam Yağı
- ⅓ Bardak Şeri
- 1 Çay Kaşığı Soya Sosu
- 1 Çay Kaşığı Beyaz Şeker
- 1 Çay Kaşığı Mısır Nişastası¾ Pound Sığır Eti Yuvarlak Biftek, ⅛-inç Kalın Şeritler Halinde Kesilmiş
- 3 Yemek Kaşığı Bitkisel Yağ, Gerekirse Daha Fazlası
- 1 İnce Dilim Taze Zencefil Kökü
- 1 Diş Sarımsak, Soyulmuş ve Ezilmiş
- 1 Pound Brokoli, Çiçekleri Halinde Kesilmiş

TALİMATLAR:

a) Orta boy bir kaseye susam yağı, şeker, soya sosu, mısır nişastası, istiridye sosu ve şeri ekleyin, iyice karıştırın.

b) Biftek parçalarını ekleyin ve karışımı temiz ellerle bifteklerin üzerine sürün. 30 dakika buzdolabına koyun.

c) Sos tavasında yağı kızdırıp zencefilli sarımsağı 1-2 dakika kavurun.

d) Zencefil sarımsağı çıkarın ve brokoli ekleyin ve 6-7 dakika kızartın. Tabağa aktarın ve bir kenara koyun.

e) Şimdi aynı tencereye biftek ekleyin ve yumuşayana kadar pişmeye bırakın.

f) Kızarmış brokoliyi aktarın ve 4-5 dakika pişirin.

g) Servis yapın ve tadını çıkarın.

8. genel tavuk

Yapar: 6

İÇİNDEKİLER:
- Kızartmak İçin 4 Bardak Bitkisel Yağ
- 1 yumurta
- 1 ½ Pound Kemiksiz, Derisiz Tavuk Uyluğu, Kuşbaşı
- 1 Çay Kaşığı Tuz
- 1 Çay Kaşığı Beyaz Şeker
- 1 tutam Beyaz Biber
- 1 Bardak Mısır Nişastası
- 2 Yemek Kaşığı Bitkisel Yağ
- 3 Yemek Kaşığı Doğranmış Yeşil Soğan
- 1 Diş Sarımsak, Kıyılmış
- 6 Kurutulmuş Bütün Kırmızı Biber
- 1 Şerit Portakal Kabuğu
- ½ Bardak Beyaz Şeker
- ¼ Çay Kaşığı Öğütülmüş Zencefil
- 3 Yemek Kaşığı Tavuk Suyu
- 1 Yemek Kaşığı Pirinç Sirkesi
- ¼ Bardak Soya Sosu
- 2 Çay Kaşığı Susam Yağı
- 2 Yemek Kaşığı Fıstık Yağı
- 2 Çay Kaşığı Mısır Nişastası
- ¼ Bardak Su

TALİMATLAR:

a) Bir kapta yumurta, tuz, beyaz biber, 1 su bardağı mısır nişastası, şeker ekleyin ve iyice çırpın.

b) Tavuk küplerini ekleyin, iyice karıştırın.

c) Tavada 3 su bardağı sıvı yağı kızdırıp tavukları ekleyin ve altın sarısı renk alana kadar pişmeye bırakın.

d) Daha sonra kağıt havlu üzerine alıp fazla yağını süzdürün.

e) Tencerede 2 yemek kaşığı sıvı yağı kızdırıp soğan, portakal kabuğu rendesi, kırmızı biber ve sarımsağı 1-2 dakika soteleyin.

f) Şimdi tavuk suyu, 1,2 su bardağı şeker, sirke, susam yağı, zencefil, soya sosu ve fıstık yağını ekleyin. 3 dakika kaynamaya bırakın.

g) Suya 2 yemek kaşığı mısır nişastası ekleyin, iyice karıştırın ve sürekli karıştırarak tencereye dökün. 1-2 dakika pişirin.

h) Şimdi tavuğu ekleyin ve sos koyulaşana kadar pişirin.

i) Servis yapın ve tadını çıkarın.

9. Asya Tarzı Tavuk Salatası

Yapar: 6

İÇİNDEKİLER:
- 2 Yemek Kaşığı Esmer Şeker
- 2 Çay Kaşığı Soya Sosu
- 1 Yemek Kaşığı Susam Yağı (İsteğe bağlı)
- ¼ Fincan Bitkisel Yağ
- 3 Yemek Kaşığı Pirinç Sirkesi
- 1 (8 Ons) Paket Kurutulmuş Pirinç Eriştesi
- 1 Baş Iceberg Marul - Durulanmış, Kurutulmuş ve Doğranmış
- 4 Adet Kemiksiz Tavuk Göğsü, Haşlanmış ve Rendelenmiş
- 3 Adet Doğranmış Yeşil Soğan
- 1 yemek kaşığı susam, kavrulmuş

TALİMATLAR:
a) Bir kase alın ve soya sosu, esmer şeker, salata yağı, susam yağı, pirinç sirkesi ekleyin, iyice karıştırın ve 30 dakika bekletin.
b) Bir tencereye erişte ile birkaç damla yağ ekleyin ve iyice kızartın. İyice kabarınca pişirin.
c) Bir kapta kıyılmış tavuk, göbek marul, susam ve yeşil soğanı ekleyin, karıştırın. 10 dakika buzdolabına koyun.
d) Haşlanmış şehriyeleri de ekleyip iyice karıştırın.
e) Sosu salatanın üzerine gezdirip servis yapın.

10. Çin Biberli Biftek

Yapar: 4

İÇİNDEKİLER:
- 1 pound sığır filetosu biftek, 1 inç dilimler halinde dilimleyin.
- ¼ Bardak Soya Sosu
- 2 Yemek Kaşığı Beyaz Şeker
- 2 Yemek Kaşığı Mısır Nişastası
- ½ Çay Kaşığı Öğütülmüş Zencefil
- 3 Yemek Kaşığı Bitkisel Yağ, Bölünmüş
- 1 Kırmızı Soğan, 1 İnçlik Kareler Halinde Kesilmiş
- 1 Yeşil Dolmalık Biber, 1 İnçlik Kareler Halinde Kesilmiş
- 2 Domates, Dilimlenmiş

TALİMATLAR:
a) Bir kapta mısır nişastası, zencefil, soya sosu ve şekeri ekleyin, birleştirmek için fırlatın.
b) Biftekleri ekleyin ve iyice karıştırın.
c) 1 yemek kaşığı sıvı yağı tavada kızdırın ve biftekleri kızgın yağda güzelce kızarana kadar kızartın.
d) Soğanı ekleyin ve soğan yumuşayana kadar pişmeye bırakın.
e) Yeşil biberi katıp iyice karıştırın.
f) Biberlerin rengi değişmeye başlayınca domatesleri ekleyin ve iyice karıştırın.
g) 3-4 dakika pişirdikten sonra servis tabağına alın.
h) Eğlence.

11. Izgara Asya Tavuğu

Yapar: 4

İÇİNDEKİLER:

- ¼ Bardak Soya Sosu
- 4 Çay Kaşığı Susam Yağı
- 2 yemek kaşığı bal
- 3 Dilim Taze Zencefil Kökü
- 2 Diş Sarımsak, Ezilmiş
- 4 Derisiz, Kemiksiz Yarım Tavuk Göğsü

TALİMATLAR:

a) Bir kaseye bal, soya sosu, sıvı yağ, zencefil ve sarımsağı ekleyin, iyice karıştırın. Kase mikrodalgaya dayanıklı olmalıdır.

b) 30 saniye mikrodalgaya yerleştirin.

c) Tavuğu ekleyin ve birleştirmek için fırlatın.

d) Izgarayı orta ateşte önceden ısıtın ve yağ ile yağlayın.

e) Marinayı tavuktan çıkarın ve tencereye dökün. 1-2 dakika kaynatın. Kenara koyun.

f) Tavuğu ısıtılmış ızgaraya koyun ve her iki tarafı da güzelce kızarana kadar pişirin.

g) Marine edilmiş fırında pişmiş tavuğu gezdirin ve 1-2 dakika daha pişirin.

12. yumurtalı çorba

Yapar: 4

İÇİNDEKİLER:
- 2 (14,5 Ons) Kutu Tavuk Suyu
- 1 Yemek Kaşığı Mısır Nişastası
- 1 Yumurta, Hafif Çırpılmış
- 2 Yemek Kaşığı Doğranmış Yeşil Soğan

TALİMATLAR:

a) Bir tencereye mısır nişastası ve tavuk suyunu ekleyin, orta ateşte iyice karıştırın.

b) Şimdi çırpılmış yumurtaları sürekli karıştırarak tencerede gezdirin.

c) Servis kaselerine aktarın ve üzerine yeşil soğan ekleyin.

13. Fal kurabiyesi

Yapar: 6

İÇİNDEKİLER:
- 1 Yumurta akı
- ⅛ Çay Kaşığı Vanilya Özü
- 1 tutam Tuz
- ¼ Bardak Ağartılmamış Çok Amaçlı Un
- ¼ Bardak Beyaz Şeker

TALİMATLAR:

a) Fırını 355 derecede ısıtın.

b) Bir çerez sayfasını tereyağı ile yağlayın.

c) Yumurta beyazında, kabarık olana kadar vanilyayı ekleyin.

d) Yumurtalı karışıma elenmiş un, şeker ve tuzu ekleyip iyice çırpın.

e) 1 yemek kaşığı hamuru 4 inç aralıklı çerez sayfalarına aktarın.

f) Tepsiyi eğerek hamura yuvarlak şekil verin.

g) Fırına aktarın ve 5 dakika pişirin.

h) Fırından çıkardıktan sonra kurabiyeleri tahta bir tahtanın üzerine alın.

i) Şimdi kurabiyelerin üzerine ortalayacak şekilde fal yerleştirin ve kurabiyeyi ortadan ikiye katlayın. Bükülmüş kenarları fincanın ağzından geçirin.

14. Sebze Lo Mein

Yapar: 4

İÇİNDEKİLER:

- 8 ons pişmemiş spagetti
- ¼ Fincan Bitkisel Yağ
- 2 Su Bardağı Taze Dilimlenmiş Mantar
- 1 Su Bardağı Rendelenmiş Havuç
- ½ Su Bardağı Dilimlenmiş Kırmızı Biber
- 1 Soğan, Doğranmış
- 2 Diş Sarımsak, Kıyılmış
- 2 Su Bardağı Taze Fasulye Filizi
- ½ Bardak Doğranmış Yeşil Soğan
- 1 Yemek Kaşığı Mısır Nişastası
- 1 Su Bardağı Tavuk Suyu
- ¼ Bardak Hoisin Sos
- 2 yemek kaşığı bal
- 1 Yemek Kaşığı Soya Sosu
- 1 Çay Kaşığı Rendelenmiş Taze Zencefil
- ¼ Çay Kaşığı Acı Biber
- ¼ Çay Kaşığı Köri Tozu

TALİMATLAR:

a) Bir tencereye alın ve ½ çay kaşığı tuz ile 2-3 bardak su doldurun. Kaynamaya bırakın.

b) Makarnayı ekleyin ve 8-9 dakika pişirin. Boşaltın ve bir kenara koyun.

c) Yağı tavada ısıtın ve mantar, soğan, havuç, biber ve sarımsağı 5-6 dakika kızartın.

d) Fasulye, yeşil soğan, filiz ekleyin ve 1 dakika karıştırın.

e) Bir kaseye tavuk suyu, mısır nişastası ekleyin ve iyice karıştırın.

f) Bu karışımı tavaya dökün.

g) Zencefil, hoisin sosu, acı biber, bal ve köri tozunu ekleyin. İyice karıştırın.

h) 5-10 dakika pişmeye bırakın.

i) Spagetti aktarın ve karıştırın.

j) Sert.

15. Limon tavuk

Yapar: 6

İÇİNDEKİLER:
- 3 Pound Kemiksiz Tavuk Göğsü, 2 İnçlik Parçalar Halinde Kesilmiş
- 1 yemek kaşığı kuru şeri
- 1 Yemek Kaşığı Soya Sosu
- ½ Çay Kaşığı Tuz
- 2 yumurta
- 2 Su Bardağı Bitkisel Yağ
- ¼ Bardak Mısır Nişastası
- ½ Çay Kaşığı Kabartma Tozu
- ⅓ Su Bardağı Beyaz Şeker
- 1 Yemek Kaşığı Mısır Nişastası
- 1 Su Bardağı Tavuk Suyu
- 1 Yemek Kaşığı Limon Suyu
- 1 Çay Kaşığı Tuz
- 1 Limon, Dilimlenmiş
- 2 Yemek Kaşığı Bitkisel Yağ

TALİMATLAR:

a) Bir kase alın ve tavuk, soya sosu, ½ çay kaşığı tuz ve şeri sosu ekleyin, iyice karıştırın.

b) Üzerini kapatıp 20 dakika buzdolabına koyun.

c) Ayrı bir kapta mısır nişastası, yumurta ve kabartma tozunu ekleyin, iyice çırpın.

d) Tavuk parçalarını ekleyin ve iyice atın. Kenara koyun.

e) 2 su bardağı sıvı yağı derin bir tavada kızdırın ve tavuk parçalarını arka arkaya kızartın.

f) Altın kahverengi olana kadar kızartmaya bırakın.

g) Fazla yağını boşaltmak için kağıt havlu üzerine yayın.

h) Bir kapta şeker, et suyu, 1 tatlı kaşığı tuz, 1 yemek kaşığı mısır nişastası limon dilimleri ve limon suyunu ekleyip karıştırın.

i) Bir tencerede 2 yemek kaşığı yağı ısıtın ve limon karışımını ekleyin.

j) Sos hafifçe koyulaşana kadar pişirin.

k) Tavukların üzerine gezdirip servis yapın.

16. Yengeç Rangoonu

Yapar: 10

İÇİNDEKİLER:
- 1 (14 Ons) Paket Küçük Won Ton Paketleyici
- 2 (8 Ons) Paket Krem Peynir, Yumuşatılmış
- 1 Çay Kaşığı Kıyılmış Taze Zencefil Kökü
- ½ Çay Kaşığı Doğranmış Taze Kişniş
- ½ Çay Kaşığı Kurutulmuş Maydanoz
- 3 Yemek Kaşığı Koyu Soya Sosu
- 1 Pound Yengeç Eti, Kıyılmış
- 1 Litre Kızartma Yağı

TALİMATLAR:
a) Tavada yağı ısıtın.

b) Bir kase alın ve soya sosu, zencefil, sarımsak, kişniş, yengeç eti, maydanoz ve krem peynir ekleyin, iyice karıştırın.

c) Wonton sargısını temiz bir yüzeye yayın ve üzerine 1 çay kaşığı krem peynir karışımı koyun.

d) Doldurma kağıdını bir üçgen veya yarım ay oluşturacak şekilde katlayın.

e) Kenarları suyla fırçalayın, tüm sarmalayıcılar için aynı adımları tekrarlayın. Nemli biber havlu ile örtün.

f) 3-4 wonton'u kızgın yağa aktarın ve kızarana kadar pişirin.

g) Fazla yağının çıkması için kağıt havlu üzerine alın.

h) Sıcak servis yapın.

17. Tavada Kızartılmış Kar Bezelyesi

İÇİNDEKİLER:

- 2 yemek kaşığı bitkisel yağ
- 2 soyulmuş taze zencefil dilimi, her biri çeyrek büyüklüğünde
- koşer tuzu
- ¾ pound bezelye veya şeker bezelye, ipleri alınmış

TALİMATLAR:

a) Wok tavayı orta-yüksek ateşte bir damla su cızırdayana ve temas ettiğinde buharlaşana kadar ısıtın. Yağı dökün ve wokun tabanını kaplamak için döndürün. Zencefil dilimlerini ve bir tutam tuzu ekleyerek yağı tatlandırın. Zencefili hafifçe döndürerek yaklaşık 30 saniye yağda cızırdamaya bırakın.

b) Kar bezelyelerini ekleyin ve bir wok spatula kullanarak yağla kaplayın. Parlak yeşil ve gevrek yumuşayana kadar 2 ila 3 dakika karıştırarak kızartın.

c) Bir tabağa aktarın ve zencefili atın. Sıcak servis yapın.

18. Sarımsaklı ve Soya Soslu Tavada Kızartılmış Ispanak

İÇİNDEKİLER:

- 1 yemek kaşığı hafif soya sosu
- 1 çay kaşığı şeker
- 2 yemek kaşığı bitkisel yağ
- 4 diş sarımsak, ince dilimlenmiş
- koşer tuzu
- 8 ons önceden yıkanmış bebek ıspanak

TALİMATLAR:

a) Küçük bir kapta, hafif soya ve şekeri şeker eriyene kadar karıştırın ve bir kenara koyun.

b) Wok tavayı orta-yüksek ateşte bir damla su cızırdayana ve temas ettiğinde buharlaşana kadar ısıtın. Yağı dökün ve wokun tabanını kaplamak için döndürün. Sarımsak ve bir tutam tuz ekleyin ve karıştırın, sarımsak kokulu olana kadar yaklaşık 10 saniye fırlatın. Oluklu bir kaşık kullanarak sarımsağı tavadan çıkarın ve bir kenara koyun.

c) Ispanağı terbiyeli yağa ekleyin ve yeşillikler solup parlak yeşil olana kadar karıştırarak kızartın. Şeker ve soya karışımını ekleyin ve kaplayın. Sarımsağı wok'a geri koyun ve birleştirmek için fırlatın. Bir tabağa aktarın ve servis yapın.

19. Baharatlı Tavada Kızartılmış Napa Lahana

İÇİNDEKİLER:

- 2 yemek kaşığı bitkisel yağ
- 3 veya 4 adet kuru sivri biber
- 2 soyulmuş taze zencefil dilimi, her biri çeyrek büyüklüğünde
- koşer tuzu
- 2 diş sarımsak, dilimlenmiş
- 1 baş napa lahana, kıyılmış
- 1 yemek kaşığı hafif soya sosu
- ½ yemek kaşığı siyah sirke
- Taze çekilmiş karabiber

TALİMATLAR:

a) Wok'u orta-yüksek ateşte ısıtın. İçine yağı koyup biberleri ekleyin. Biberlerin yağda 15 saniye cızırdamasına izin verin. Zencefil dilimlerini ve bir tutam tuzu ekleyin. Sarımsağı atın ve yağı tatlandırmak için yaklaşık 10 saniye kısaca kızartın. Sarımsağın kahverengileşmesine veya yanmasına izin vermeyin.

b) Lahanayı ekleyin ve soğuyana ve parlak yeşile dönene kadar yaklaşık 4 dakika karıştırarak kızartın. Hafif soya ve siyah sirkeyi ekleyin ve birer tutam tuz ve karabiberle tatlandırın. 20 ila 30 saniye daha kaplamak için atın.

c) Bir tabağa aktarın ve zencefili atın. Sıcak servis yapın.

20. İstiridye Soslu Kızarmış Marul

İÇİNDEKİLER:

- 1½ yemek kaşığı bitkisel yağ
- 1 soyulmuş taze zencefil dilimi, yaklaşık çeyrek büyüklüğünde
- koşer tuzu
- 2 diş sarımsak, ince dilimlenmiş
- 1 baş buzdağı marul, durulanır ve kurutulur, 1 inç genişliğinde parçalar halinde kesilir
- 2 yemek kaşığı istiridye sosu
- Süslemek için ½ çay kaşığı susam yağı

TALİMATLAR:

a) Wok tavayı orta-yüksek ateşte bir damla su cızırdayana ve temas ettiğinde buharlaşana kadar ısıtın. Wok tabanını kaplamak için bitkisel yağı ve girdap ekleyin. Zencefil dilimi ve bir tutam tuz ekleyerek yağı baharatlayın. Zencefili hafifçe döndürerek yaklaşık 30 saniye yağda cızırdamaya bırakın.

b) Sarımsağı ekleyin ve yağı tatlandırmak için yaklaşık 10 saniye kısaca karıştırın. Sarımsağın kahverengileşmesine veya yanmasına izin vermeyin. Marulu ekleyin ve hafifçe solmaya başlayana kadar 3 ila 4 dakika karıştırın. İstiridye sosunu marulun üzerine gezdirin ve 20 ila 30 saniye daha hızlıca kaplayın.

21. Tavada Kızartılmış Brokoli ve Bambu Fideleri

İÇİNDEKİLER:

- 2 yemek kaşığı bitkisel yağ
- 1 soyulmuş taze zencefil dilimi, yaklaşık çeyrek büyüklüğünde
- 4 su bardağı brokoli çiçeği
- 2 yemek kaşığı su
- 2 diş sarımsak, kıyılmış
- 1 (8 ons) bambu filizlerini dilimleyebilir, durulayabilir ve süzebilir
- 1 yemek kaşığı hafif soya sosu
- 1 çay kaşığı susam yağı
- 2 çay kaşığı kavrulmuş susam

TALİMATLAR:

a) Wok'u orta-yüksek ateşte ısıtın. Bitkisel yağı dökün ve zencefil dilimi ve bir tutam tuz ekleyin.

b) Brokoliyi ekleyin ve parlak yeşil olana kadar 2 dakika karıştırarak kızartın. Suyu ekleyin ve brokolilerin buharlaşması için 2 dakika tencerenin kapağını kapatın.

c) Kapağı çıkarın, sarımsağı ekleyin ve 30 saniye karıştırarak kızartmaya devam edin. Bambu filizlerini ilave edin ve 30 saniye daha karıştırarak kızartmaya devam edin.

d) Hafif soya ve susam yağını karıştırın. Zencefili çıkarın ve atın. Isıtılmış bir tabakta servis yapın ve susamla süsleyin.

22. Kuru Fasulye

İÇİNDEKİLER:

- 1 yemek kaşığı hafif soya sosu
- 1 yemek kaşığı kıyılmış sarımsak
- 1 yemek kaşığı doubanjiang (Çin biber salçası)
- 2 çay kaşığı şeker
- 1 çay kaşığı susam yağı
- koşer tuzu
- ½ su bardağı bitkisel yağ
- 1 pound yeşil fasulye, kesilmiş, ikiye bölünmüş ve kuru lekelenmiş

TALİMATLAR:

a) Küçük bir kapta hafif soya, sarımsak, fasulye ezmesi, şeker, susam yağı ve bir tutam tuzu karıştırın. Kenara koyun.

b) Wok'ta bitkisel yağı orta-yüksek ateşte ısıtın. Fasulyeleri kızartın. Fasulyeleri kırışık görünene kadar yağda yavaşça çevirin.

c) Tüm fasulyeler piştikten sonra, kalan yağı dikkatlice ısıya dayanıklı bir kaba aktarın. Wok tavasını silmek ve temizlemek için bir çift kağıt havluyla bir çift maşa kullanın.

d) Wok'u yüksek ısıya getirin ve ayrılmış kızartma yağından 1 yemek kaşığı ekleyin. Yeşil fasulye ve acı sosu ekleyin, sos kaynayana ve yeşil fasulyeleri kaplayana kadar karıştırarak kızartın. Fasulyeleri bir tabağa alıp sıcak servis yapın.

23. Tavada Kızartılmış Bok Choy ve Mantarlar

İÇİNDEKİLER:
- 3 yemek kaşığı bitkisel yağ
- 1 soyulmuş taze zencefil dilimi, yaklaşık çeyrek büyüklüğünde
- ½ pound taze shiitake mantarı
- 2 diş sarımsak, kıyılmış
- 1½ pound bebek bok choy, 1 inçlik parçalar halinde çapraz dilimlenmiş
- 2 yemek kaşığı Shaoxing pirinç şarabı
- 2 çay kaşığı hafif soya sosu
- 2 çay kaşığı susam yağı

TALİMATLAR:

a) Wok'u orta-yüksek ateşte ısıtın. Wok tavasının tabanını kaplamak için bitkisel yağı dökün ve döndürün. Zencefil dilimi ve bir tutam tuz ekleyin.

b) Mantarları ekleyin ve kızarmaya başlayana kadar 3 ila 4 dakika karıştırarak kızartın. Sarımsağı ekleyin ve yaklaşık 30 saniye daha kokulu olana kadar karıştırın.

c) Çin lahanasını ekleyin ve mantarlarla karıştırın. Pirinç şarabı, hafif soya ve susam yağını ekleyin. Sebzeleri yumuşayana kadar sürekli karıştırarak 3 ila 4 dakika pişirin.

d) Sebzeleri servis tabağına alın, zencefili atın ve sıcak servis yapın.

24. Tavada Kızartılmış Sebze Karışık

İÇİNDEKİLER:

- 3 yemek kaşığı bitkisel yağ
- 1 soyulmuş taze zencefil dilimi, yaklaşık çeyrek büyüklüğünde
- koşer tuzu
- ½ beyaz soğan, 1 inçlik parçalar halinde kesin
- 1 büyük havuç, soyulmuş ve çapraz olarak kesilmiş
- ¼ inç kalınlığında dilimler halinde çapraz olarak kesilmiş 2 kereviz sapı
- 6 adet taze şitaki mantarı
- 1 kırmızı dolmalık biber, 1 inçlik parçalar halinde kesin
- 1 küçük avuç yeşil fasulye, doğranmış
- 2 diş sarımsak, ince kıyılmış
- 2 taze soğan, ince dilimlenmiş

TALİMATLAR:

a) Wok tavayı orta-yüksek ateşte bir damla su cızırdayana ve temas ettiğinde buharlaşana kadar ısıtın. Yağı dökün ve wokun tabanını kaplamak için döndürün. Zencefil dilimi ve bir tutam tuz ekleyerek yağı baharatlayın. Hafifçe dönerek yaklaşık 30 saniye yağda cızırdamaya bırakın.

b) Soğanı, havucu ve kerevizi wok tavaya ekleyin ve bir spatula kullanarak sebzeleri wok içinde hızlıca hareket ettirerek karıştırarak kızartın. Sebzeler yumuşamaya başladığında, yaklaşık 4 dakika, mantarları ekleyin ve sıcak wok'ta atmaya devam edin.

c) Mantarlar yumuşak göründüğünde dolmalık biberi ekleyin ve yaklaşık 4 dakika daha atmaya devam edin. Biberler yumuşamaya başladığında yeşil fasulyeleri ekleyin ve yumuşayana kadar yaklaşık 3 dakika daha fırlatın. Sarımsak ekleyin ve kokulu olana kadar atın.

d) Bir tabağa aktarın, zencefili atın ve taze soğanla süsleyin. Sıcak servis yapın.

25. Buda'nın Lokumu

İÇİNDEKİLER:

- Küçük bir avuç (yaklaşık ⅓ fincan) kurutulmuş ağaç kulak mantarı
- 8 adet kurutulmuş şitaki mantarı
- 2 yemek kaşığı hafif soya sosu
- 2 çay kaşığı şeker
- 1 çay kaşığı susam yağı
- 2 yemek kaşığı bitkisel yağ
- 2 soyulmuş taze zencefil dilimi, her biri çeyrek büyüklüğünde
- koşer tuzu
- 1 delicata kabak, ikiye bölünmüş, çekirdekleri çıkarılmış ve lokma büyüklüğünde parçalar halinde kesilmiş
- 2 yemek kaşığı Shaoxing pirinç şarabı
- 1 su bardağı şeker bezelye, ipleri çıkarıldı
- 1 (8 ons) kestaneleri sulayabilir, durulayabilir ve süzebilir
- Taze çekilmiş karabiber

TALİMATLAR:

a) Her iki kurutulmuş mantarı da sıcak suyla kaplı ayrı kaselerde yaklaşık 20 dakika yumuşayana kadar ıslatın. Ahşap kulak ıslatma sıvısını boşaltın ve atın. Shiitake sıvısının ½ fincanını boşaltın ve saklayın. Mantar sıvısına hafif soya, şeker ve susam yağını ekleyin ve şekeri eritmek için karıştırın. Kenara koyun.

b) Wok tavayı orta-yüksek ateşte bir damla su cızırdayana ve temas ettiğinde buharlaşana kadar ısıtın. Wok tavasının tabanını kaplamak için bitkisel yağı dökün ve döndürün. Zencefil dilimlerini ve bir tutam tuzu ekleyerek yağı tatlandırın. Zencefili hafifçe döndürerek yaklaşık 30 saniye yağda cızırdamaya bırakın.

c) Kabağı ekleyin ve kızartın, terbiyeli yağ ile yaklaşık 3 dakika fırlatın. Hem mantarları hem de pirinç şarabını ekleyin ve 30 saniye karıştırarak kızartmaya devam edin. Bezelye ve su kestanelerini yağ ile kaplamak için fırlatarak ekleyin. Ayrılmış mantar baharat sıvısını ekleyin ve üzerini kapatın. Sebzeler yumuşayana kadar, yaklaşık 5 dakika ara sıra karıştırarak pişirmeye devam edin.

d) Kapağı çıkarın ve tatmak için tuz ve karabiber ekleyin. Zencefili atın ve servis yapın.

26. Hunan Tarzı Tofu

İÇİNDEKİLER:
- 1 çay kaşığı mısır nişastası
- 1 yemek kaşığı su
- 4 yemek kaşığı bitkisel veya kanola yağı, bölünmüş
- koşer tuzu
- 1 kiloluk sert tofu, süzülmüş ve ½ inç kalınlığında, 2 inç çapında kareler halinde kesilmiş
- 3 yemek kaşığı fermente siyah fasulye, durulanmış ve ezilmiş
- 2 yemek kaşığı doubanjiang (Çin biber salçası)
- 1-inç parça taze zencefil, soyulmuş ve ince kıyılmış
- 3 diş sarımsak, ince kıyılmış
- 1 inçlik parçalar halinde kesilmiş 1 büyük kırmızı dolmalık biber
- 2 inçlik bölümler halinde kesilmiş 4 yeşil soğan
- 1 yemek kaşığı Shaoxing pirinç şarabı
- 1 çay kaşığı şeker
- ¼ bardak düşük sodyumlu tavuk veya sebze suyu

TALİMATLAR:

a) Küçük bir kasede mısır nişastası ve suyu karıştırın ve bir kenara koyun.

b) Wok tavayı orta-yüksek ateşte bir damla su cızırdayana ve temas ettiğinde buharlaşana kadar ısıtın. Wok'un tabanını ve yanlarını kaplamak için 2 yemek kaşığı yağ ve girdap dökün. Bir tutam tuz ekleyin ve tofu dilimlerini wok'ta tek kat halinde düzenleyin. Tofuyu 1 ila 2 dakika kavurun, tofu kızarırken yağı tofunun altına kaydırmak için wok'u çevirin. İlk taraf kızardığında, bir wok spatula kullanarak tofuyu dikkatlice çevirin ve altın rengi kahverengi olana kadar 1 ila 2 dakika daha kavurun. Kızarmış tofuyu bir tabağa aktarın ve bir kenara koyun.

c) Isıyı orta-düşük seviyeye indirin. Wok'a kalan 2 yemek kaşığı yağı ekleyin. Yağ hafif duman çıkarmaya başlar başlamaz siyah fasulye, fasulye ezmesi, zencefil ve sarımsağı ekleyin. 20 saniye veya yağ, fasulye ezmesinden koyu kırmızı bir renk alana kadar karıştırın.

d) Dolmalık biber ve taze soğanları ekleyin ve Shaoxing şarabı ve şekerle karıştırın. Bir dakika daha veya şarap neredeyse buharlaşana ve dolmalık biber yumuşayana kadar pişirin.

e) Wok'taki tüm malzemeler birleştirilene kadar kızartılmış tofuya hafifçe katlayın. 45 saniye daha veya tofu koyu kırmızı bir renk alana ve yeşil soğanlar solana kadar pişirmeye devam edin.

f) Tavuk suyunu tofu karışımının üzerine gezdirin ve wok'un cilasını almak ve wok'un üzerine yapışmış parçalardan herhangi birini eritmek için hafifçe karıştırın. Mısır nişastası-su karışımını hızlıca karıştırın ve tavaya ekleyin. Yavaşça karıştırın ve 2 dakika veya sos parlak ve kalın hale gelene kadar pişirin. Sıcak servis yapın.

27. Ma Po Tofu

İÇİNDEKİLER:

- ½ pound öğütülmüş domuz eti
- 2 yemek kaşığı Shaoxing pirinç şarabı
- 2 çay kaşığı hafif soya sosu
- 1 çay kaşığı soyulmuş ince kıyılmış taze zencefil
- 2 çay kaşığı mısır nişastası
- 1½ yemek kaşığı su
- 2 yemek kaşığı bitkisel yağ
- 1 yemek kaşığı Sichuan biberi, ezilmiş
- 3 yemek kaşığı doubanjiang (Çin biber salçası)
- 4 taze soğan, ince dilimlenmiş, bölünmüş
- 1 çay kaşığı biber yağı
- 1 çay kaşığı şeker
- ½ çay kaşığı Çin beş baharat tozu
- 1 kiloluk orta tofu, süzülmüş ve ½ inçlik küpler halinde kesilmiş
- 1½ su bardağı düşük sodyumlu tavuk suyu
- koşer tuzu
- Garnitür için 1 yemek kaşığı iri kıyılmış taze kişniş yaprağı

TALİMATLAR:

a) Küçük bir kapta domuz kıyması, pirinç şarabı, hafif soya ve zencefili karıştırın. Kenara koyun. Başka bir küçük kapta mısır nişastasını suyla karıştırın. Kenara koyun.

b) Bir wok'u orta-yüksek ateşte ısıtın ve bitkisel yağı dökün. Sichuan karabiberlerini ekleyin ve yağ ısınırken cızırdamaya başlayana kadar hafifçe soteleyin.

c) Marine edilmiş domuz eti ve fasulye ezmesini ekleyin ve domuz eti kızarana ve ufalanana kadar 4 ila 5 dakika karıştırarak kızartın. Yeşil soğanların yarısını, acı biber yağını, şekeri ve beş baharat tozunu ekleyin. 30 saniye daha veya yeşil soğanlar soluncaya kadar kızartmaya devam edin.

d) Tofu küplerini domuzun üzerine dağıtın ve et suyuna dökün. Karıştırmayın; önce tofunun pişmesine ve biraz sertleşmesine izin verin. Örtün ve orta ateşte 15 dakika pişirin. Ortaya çıkarın ve yavaşça karıştırın. Tofu küplerini çok fazla kırmamaya dikkat edin.

e) Tercihinize göre tadın ve tuz veya şeker ekleyin. Ek şeker, çok sıcaksa müstehcenliği yatıştırabilir. Mısır nişastası ve suyu tekrar karıştırın ve tofuya ekleyin. Sos kalınlaşana kadar yavaşça karıştırın.

f) Kalan yeşil soğan ve kişniş ile süsleyin ve sıcak servis yapın.

28. Basit Sosta Buharda Pişmiş Fasulye Loru

İÇİNDEKİLER:

- 1 kiloluk orta tofu
- 2 yemek kaşığı hafif soya sosu
- 1 yemek kaşığı susam yağı
- 2 çay kaşığı siyah sirke
- 2 diş sarımsak, ince kıyılmış
- 1 çay kaşığı soyulmuş ince kıyılmış taze zencefil
- ½ çay kaşığı şeker
- 2 taze soğan, ince dilimlenmiş
- 1 yemek kaşığı iri kıyılmış taze kişniş yaprağı

TALİMATLAR:

a) Sağlam kalmasına dikkat ederek tofuyu ambalajından çıkarın. Büyük bir tabağa koyun ve dikkatlice 1 ila 1½ inç kalınlığında dilimler halinde dilimleyin. 5 dakika kenara koyun. Tofunun dinlenmesi, peynir altı suyunun daha fazlasının dışarı akmasını sağlar.

b) Bambu buharlı pişirici sepetini ve kapağını soğuk su altında durulayın ve wok'a yerleştirin. Yaklaşık 2 inç soğuk su veya buharlı pişiricinin alt kenarının yaklaşık ¼ ila ½ inç üzerine gelene kadar dökün, ancak su sepetin dibine değecek kadar yüksek değil.

c) Tofu tabağındaki fazla peynir altı suyunu boşaltın ve tabağı bambu buharlı pişiriciye yerleştirin. Wok'u örtün ve orta-yüksek ateşte ayarlayın. Suyu kaynatın ve tofuyu 6 ila 8 dakika buharda pişirin.

d) Tofu buharda pişirilirken küçük bir tencerede hafif soya, susam yağı, sirke, sarımsak, zencefil ve şekeri kısık ateşte şeker eriyene kadar karıştırın.

e) Sıcak sosu tofu üzerine gezdirin ve yeşil soğan ve kişniş ile süsleyin.

29. susamlı kuşkonmaz

İÇİNDEKİLER:

- 2 yemek kaşığı hafif soya sosu
- 1 çay kaşığı şeker
- 1 yemek kaşığı bitkisel yağ
- 2 büyük diş sarımsak, iri kıyılmış
- 2 kilo kuşkonmaz, çapraz olarak 2 inç uzunluğunda parçalar halinde kesilmiş ve kesilmiş
- koşer tuzu
- 2 yemek kaşığı susam yağı
- 1 yemek kaşığı kavrulmuş susam

TALİMATLAR:

a) Küçük bir kapta, hafif soya ve şekeri şeker eriyene kadar karıştırın. Kenara koyun.

b) Wok tavayı orta-yüksek ateşte bir damla su cızırdayana ve temas ettiğinde buharlaşana kadar ısıtın. Wok tavasının tabanını kaplamak için bitkisel yağı dökün ve döndürün. Sarımsağı ekleyin ve kokulu olana kadar yaklaşık 10 saniye karıştırarak kızartın.

c) Kuşkonmaz ekleyin ve kızartın. Soya sosu karışımını ekleyin ve kuşkonmazı kaplamak için fırlatın, yaklaşık 1 dakika daha pişirin.

d) Kuşkonmazın üzerine susam yağını gezdirin ve servis kasesine aktarın. Üzerini susamla süsleyip sıcak servis yapın.

30. Cızırtılı Sarımsak Soslu Patlıcan ve Tofu

İÇİNDEKİLER:

- 6 su bardağı su artı 1 yemek kaşığı, bölünmüş
- 1 yemek kaşığı koşer tuzu
- 3 uzun Çin patlıcanı (yaklaşık ¾ pound), çapraz olarak 1 inçlik parçalar halinde kesilmiş ve dilimlenmiş
- 1½ yemek kaşığı mısır nişastası, bölünmüş
- 1 yemek kaşığı hafif soya sosu
- 2 çay kaşığı şeker
- ½ çay kaşığı koyu soya sosu
- 3 yemek kaşığı bitkisel yağ, bölünmüş
- 3 diş sarımsak, kıyılmış
- 1 çay kaşığı soyulmuş kıyılmış taze zencefil
- ½ pound sert tofu, ½ inçlik küpler halinde kesin

TALİMATLAR:

a) Büyük bir kapta 6 bardak su ve tuzu birleştirin. Tuzu çözmek için kısaca karıştırın ve patlıcan parçalarını ekleyin. Patlıcanları suya batırmak için büyük bir tencerenin kapağını kapatın ve 15 dakika bekletin. Patlıcanı boşaltın ve kağıt havlularla kurulayın. Patlıcanı, yaklaşık 1 yemek kaşığı mısır nişastası serpilmiş bir kaseye atın.

b) Küçük bir kapta kalan ½ çorba kaşığı mısır nişastasını kalan 1 çorba kaşığı su, hafif soya, şeker ve koyu soya ile karıştırın. Kenara koyun.

c) Wok tavayı orta-yüksek ateşte bir damla su cızırdayana ve temas ettiğinde buharlaşana kadar ısıtın. Wok'un tabanını ve kenarlarını kaplamak için 2 yemek kaşığı yağ ve girdap dökün. Patlıcanı wok'ta tek bir kat halinde düzenleyin.

d) Patlıcanı her iki tarafta yaklaşık 4 dakika kızartın. Patlıcan hafifçe kömürleşmiş ve altın kahverengi olmalıdır. Wok duman çıkarmaya başlarsa ısıyı orta seviyeye düşürün. Patlıcanı bir kaseye aktarın ve wok'u sıcağa geri getirin.

e) Kalan 1 çorba kaşığı yağı ekleyin ve sarımsak ve zencefili yaklaşık 10 saniye kokulu ve cızırtılı olana kadar karıştırın. Tofuyu ekleyin ve 2 dakika daha karıştırarak kızartın, ardından patlıcanı wok'a geri koyun. Sosu tekrar karıştırın ve wok'a dökün, sos koyu, parlak bir kıvama gelinceye kadar tüm malzemeleri bir araya getirin.

f) Patlıcan ve tofuyu bir tabağa aktarın ve sıcak servis yapın.

31. İstiridye Soslu Çin Brokoli

İÇİNDEKİLER:

- ¼ fincan istiridye sosu
- 2 çay kaşığı hafif soya sosu
- 1 çay kaşığı susam yağı
- 2 yemek kaşığı bitkisel yağ
- Her biri yaklaşık çeyrek büyüklüğünde 4 soyulmuş taze zencefil dilimi
- 4 diş sarımsak, soyulmuş
- koşer tuzu
- 2 demet Çin brokoli veya brokoli, sert uçları kırpılmış
- 2 yemek kaşığı su

TALİMATLAR:

a) Küçük bir kasede istiridye sosu, hafif soya ve susam yağını karıştırın ve bir kenara koyun.

b) Wok tavayı orta-yüksek ateşte bir damla su cızırdayana ve temas ettiğinde buharlaşana kadar ısıtın. Wok tavasının tabanını kaplamak için bitkisel yağı dökün ve döndürün. Zencefil, sarımsak ve bir tutam tuz ekleyin. Aromatiklerin yaklaşık 10 saniye hafifçe döndürerek yağda cızırdamasına izin verin.

c) Brokoli ekleyin ve yağ ve parlak yeşil ile kaplanana kadar karıştırın. Suyu ekleyin ve brokoliyi yaklaşık 3 dakika veya sapları bir bıçakla kolayca delinebilecek hale gelinceye kadar buharlaştırmak için üzerini kapatın. Zencefili ve sarımsağı çıkarın ve atın.

d) Sosu karıştırın ve sıcak olana kadar kaplayın. Servis tabağına aktarın.

32. Tuz ve Biber Karides

İÇİNDEKİLER:
- 1 yemek kaşığı koşer tuzu
- 1½ çay kaşığı Sichuan karabiber
- 1½ pound büyük karides (U31–35), soyulmuş ve kabuğu çıkarılmış, kuyrukları açık bırakılmış
- ½ su bardağı bitkisel yağ
- 1 bardak mısır nişastası
- 4 yeşil soğan, çapraz olarak dilimlenmiş
- 1 jalapeño biber, ikiye bölünmüş ve çekirdekleri çıkarılmış, ince dilimlenmiş
- 6 diş sarımsak, ince dilimlenmiş

TALİMATLAR:
a) Orta ateşte küçük bir sote tavasında veya tavada, tuzu ve karabiberleri aromatik olana kadar kızartın, yanmasını önlemek için sık sık sallayın ve karıştırın. Tamamen soğuması için bir kaseye aktarın. Tuz ve karabiberleri bir baharat öğütücüde veya havan ve tokmakla birlikte öğütün. Bir kaseye aktarın ve bir kenara koyun.

b) Karidesleri bir kağıt havluyla kurulayın.

c) Bir wok içinde, yağı orta-yüksek ateşte 375 ° F'ye veya bir tahta kaşığın ucu etrafında kabarcıklar ve cızırtılar çıkana kadar ısıtın.

d) Mısır nişastasını geniş bir kaseye koyun. Karidesleri kızartmaya hazır olmadan hemen önce, karidesin yarısını mısır nişastasına bulayın ve fazla mısır nişastasını silkeleyin.

e) Karidesleri pembeleşene kadar 1-2 dakika kızartın. Bir wok skimmer kullanarak, kızartılmış karidesleri süzmek için bir fırın tepsisine yerleştirilmiş bir rafa aktarın. Kalan karidesleri mısır nişastasına atarak, kızartarak ve boşaltmak için rafa aktararak işlemi tekrarlayın.

f) Tüm karidesler piştikten sonra, 2 yemek kaşığı hariç tüm yağı dikkatlice çıkarın ve wok'u orta ateşte ısıtın. Taze soğan, jalapeño ve sarımsağı ekleyin ve taze soğan ve jalapeño parlak yeşile dönene ve sarımsak aromatik olana kadar karıştırın. Karidesleri wok'a geri koyun, tuz ve karabiber karışımıyla tatlandırın (hepsini kullanmayabilirsiniz) ve kaplamak için fırlatın. Karidesleri bir tabağa aktarın ve sıcak servis yapın.

33. Sarhoş Karides

4 KİŞİLİK

İÇİNDEKİLER:
- 2 bardak Shaoxing pirinç şarabı
- Her biri yaklaşık çeyrek büyüklüğünde 4 soyulmuş taze zencefil dilimi
- 2 yemek kaşığı kurutulmuş goji meyveleri (isteğe bağlı)
- 2 çay kaşığı şeker
- 1 kiloluk jumbo karides (U21–25), soyulmuş ve kabuğu çıkarılmış, kuyrukları açık bırakılmış
- 2 yemek kaşığı bitkisel yağ
- koşer tuzu
- 2 çay kaşığı mısır nişastası

TALİMATLAR:

a) Geniş bir karıştırma kabında pirinç şarabı, zencefil, goji meyveleri (kullanılıyorsa) ve şekeri şeker eriyene kadar karıştırın. Karidesleri ekleyin ve üzerini kapatın. Buzdolabında 20 ila 30 dakika marine edin.

b) Karidesleri ve turşuyu bir kasenin üzerine yerleştirilmiş bir kevgir içine dökün. Turşunun ½ fincanını ayırın ve gerisini atın.

c) Wok tavayı orta-yüksek ateşte bir damla su cızırdayana ve temas ettiğinde buharlaşana kadar ısıtın. Yağı dökün ve wokun tabanını kaplamak için döndürün. Küçük bir tutam tuz ekleyerek yağı baharatlayın ve hafifçe döndürün.

d) Karidesleri ekleyin ve kuvvetlice karıştırarak kızartın, çevirirken bir tutam tuz ekleyin ve karidesleri wokta çevirin. Karidesleri pembeleşene kadar yaklaşık 3 dakika hareket ettirin.

e) Mısır nişastasını ayrılmış turşunun içine karıştırın ve karidesin üzerine dökün. Karidesleri atın ve marine ile kaplayın. Yaklaşık 5 dakika daha kaynamaya başladığında parlak bir sos haline gelecektir.

f) Karides ve goji meyvelerini bir tabağa aktarın, zencefili atın ve sıcak servis yapın.

34. Şanghay Usulü Tavada Kızartılmış Karides

İÇİNDEKİLER:
- 1 kiloluk orta-büyük karides (U31–40), soyulmuş ve kabuğu çıkarılmış, kuyrukları açık bırakılmış
- 2 yemek kaşığı bitkisel yağ
- koşer tuzu
- 2 çay kaşığı Shaoxing pirinç şarabı
- 2 taze soğan, ince jülyen doğranmış

TALİMATLAR:

a) Keskin bir mutfak makası veya soyma bıçağı kullanarak, karidesleri kuyruk kısmını sağlam tutarak uzunlamasına ikiye bölün. Karides tavada kızartıldığı için bu şekilde kesmek daha fazla yüzey alanı sağlayacak ve benzersiz bir şekil ve doku yaratacaktır!

b) Karidesleri kağıt havluyla kurulayın ve kuru tutun. Karides ne kadar kuru olursa yemek o kadar lezzetli olur. Karidesleri pişirmeden önce 2 saate kadar bir kağıt havluya sarılı olarak buzdolabında saklayabilirsiniz.

c) Wok tavayı orta-yüksek ateşte bir damla su cızırdayana ve temas ettiğinde buharlaşana kadar ısıtın. Yağı dökün ve wokun tabanını kaplamak için döndürün. Küçük bir tutam tuz ekleyerek yağı baharatlayın ve hafifçe döndürün.

d) Karidesleri bir kerede sıcak wok'a ekleyin. Karides pembeleşmeye başlayana kadar 2 ila 3 dakika hızlıca fırlatın ve çevirin. Küçük bir tutam tuzla tatlandırın ve pirinç şarabını ekleyin. Tavada kızartmaya devam ederken yaklaşık 2 dakika daha şarabın kaynamasına izin verin. Karides ayrılmalı ve kıvrılmalı, hala kuyruğa bağlı olmalıdır.

e) Servis tabağına alıp maydanozla süsleyin. Sıcak servis yapın.

35. cevizli karides

İÇİNDEKİLER:
- Yapışmaz bitkisel yağ spreyi
- 1 kiloluk jumbo karides (U21–25), soyulmuş
- 25 ila 30 ceviz yarısı
- Kızartmak için 3 su bardağı sıvı yağ
- 2 yemek kaşığı şeker
- 2 yemek kaşığı su
- ¼ fincan mayonez
- 3 yemek kaşığı tatlandırılmış yoğunlaştırılmış süt
- ¼ çay kaşığı pirinç sirkesi
- koşer tuzu
- ⅓ su bardağı mısır nişastası

TALİMATLAR:

a) Fırın tepsisini parşömen kağıdı ile kaplayın ve pişirme spreyi ile hafifçe püskürtün. Kenara koyun.

b) Kıvrımlı tarafı aşağı gelecek şekilde bir kesme tahtası üzerinde tutarak karidesi kelebekleyin. Baş bölgesinden başlayarak, bir soyma bıçağının ucunu karidesin dörtte üçüne kadar sokun. Karidesin sırtının ortasından kuyruğa kadar bir dilim yapın. Karideyi tamamen kesmeyin ve kuyruk bölgesini kesmeyin. Karidesleri kitap gibi açın ve düz bir şekilde yayın. Görünürse damarı (karidesin sindirim sistemi) silin ve karidesi soğuk su altında durulayın, ardından bir kağıt havluyla kurulayın. Kenara koyun.

c) Bir wok içinde, yağı orta-yüksek ateşte 375 ° F'ye veya bir tahta kaşığın ucu etrafında kabarcıklar ve cızırtılar çıkana kadar ısıtın. Cevizleri kızarana kadar 3 ila 4 dakika kızartın ve bir wok skimmer kullanarak cevizleri kağıt havlu serili bir tabağa aktarın. Bir kenara koyun ve ısıyı kapatın.

d) Küçük bir tencerede şeker ve suyu karıştırın ve orta-yüksek ateşte şeker eriyene kadar ara sıra karıştırarak kaynatın. Isıyı ortama indirin ve şurubu azaltmak için 5 dakika veya şurup kalın ve parlak olana kadar pişirin. Cevizleri ekleyin ve şurupla tamamen kaplayacak şekilde fırlatın. Fındıkları hazırlanan fırın tepsisine aktarın ve soğumaya bırakın. Şeker, fındıkların etrafında sertleşmeli ve şekerlenmiş bir kabuk oluşturmalıdır.

e) Küçük bir kapta mayonez, yoğunlaştırılmış süt, pirinç sirkesi ve bir tutam tuzu karıştırın. Kenara koyun.

f) Wok yağını orta-yüksek ateşte tekrar 375°F'ye getirin. Yağ ısınırken, karidesleri bir tutam tuzla hafifçe baharatlayın. Bir karıştırma kabında, iyice kaplanana kadar karidesleri mısır nişastasıyla atın. Küçük partiler halinde çalışarak, fazla mısır nişastasını karideslerden silkeleyin ve yağda kızartın, birbirine yapışmamaları için yağda hızlıca hareket ettirin. Karidesleri kızarana kadar 2 ila 3 dakika kızartın.

g) Temiz bir karıştırma kabına alıp üzerine sosu gezdirin. Karides eşit şekilde kaplanana kadar hafifçe katlayın. Karidesleri bir tabağa alın ve üzerini ceviz şekerleri ile süsleyin. Sıcak servis yapın.

36. Kadife deniz tarağı

İÇİNDEKİLER:

- 1 büyük yumurta beyazı
- 2 yemek kaşığı mısır nişastası
- 2 yemek kaşığı Shaoxing pirinç şarabı, bölünmüş
- 1 çay kaşığı koşer tuzu, bölünmüş
- 1 kiloluk taze deniz tarağı, durulanmış, kasları alınmış ve kurumuş
- 3 yemek kaşığı bitkisel yağ, bölünmüş
- 1 yemek kaşığı hafif soya sosu
- ¼ su bardağı taze sıkılmış portakal suyu
- 1 portakalın rendelenmiş kabuğu
- Kırmızı biber gevreği (isteğe bağlı)
- 2 taze soğan, sadece yeşil kısım, ince dilimlenmiş, garnitür için

TALİMATLAR:

a) Büyük bir kapta yumurta akı, mısır nişastası, 1 çorba kaşığı pirinç şarabı ve ½ çay kaşığı tuzu birleştirin ve mısır nişastası tamamen eriyene ve artık topaklanmayana kadar küçük bir çırpma teli ile karıştırın. Tarakları atın ve 30 dakika buzdolabında saklayın.

b) Deniz taraklarını buzdolabından çıkarın. Kaynatmak için orta boy bir tencereye su getirin. 1 yemek kaşığı bitkisel yağ ekleyin ve kaynamaya bırakın. Tarakları kaynayan suya ekleyin ve 15 ila 20 saniye pişirin, taraklar opaklaşana kadar sürekli karıştırarak (taraklar tamamen pişmeyecektir). Bir wok skimmer kullanarak, tarakları kağıt havluyla kaplı bir fırın tepsisine aktarın ve kağıt havlularla kurulayın.

c) Kalan 1 çorba kaşığı pirinç şarabını, hafif soya fasulyesini, portakal suyunu, portakal kabuğu rendesini ve (kullanılıyorsa) bir tutam kırmızı pul biberi bir cam ölçü kabında birleştirin ve bir kenara koyun.

d) Wok tavayı orta-yüksek ateşte bir damla su cızırdayana ve temas ettiğinde buharlaşana kadar ısıtın. Kalan 2 yemek kaşığı yağı dökün ve wokun tabanını kaplamak için döndürün. Kalan ½ çay kaşığı tuzu ekleyerek yağı baharatlayın.

e) Kadife tarakları wok'a ekleyin ve sosu karıştırın. Tarakları tamamen pişene kadar yaklaşık 1 dakika karıştırarak kızartın. Servis tabağına alıp üzerini dereotu ile süsleyin.

37. Erişte ile Deniz Ürünleri ve Vejetaryen Tavada Kızartma

İÇİNDEKİLER:
- 1 su bardağı bitkisel yağ, bölünmüş
- 3 soyulmuş taze zencefil dilimi
- koşer tuzu
- 1 kırmızı dolmalık biber, 1 inçlik parçalar halinde kesin
- 1 küçük beyaz soğan, ince, uzun dikey şeritler halinde dilimlenmiş
- 1 büyük avuç kar bezelyesi, ipleri alınmış
- 2 büyük diş sarımsak, ince kıyılmış
- ½ pound karides veya balık, 1 inçlik parçalar halinde kesin
- 1 yemek kaşığı Siyah Fasulye Sosu
- ½ pound kurutulmuş erişte pirinç eriştesi veya fasulye ipliği eriştesi

TALİMATLAR:

a) Wok tavayı orta-yüksek ateşte bir damla su cızırdayana ve temas ettiğinde buharlaşana kadar ısıtın. Wok tabanını kaplamak için 2 yemek kaşığı yağ dökün ve döndürün. Zencefil dilimlerini ve küçük bir tutam tuzu ekleyerek yağı tatlandırın. Zencefili hafifçe döndürerek yaklaşık 30 saniye yağda cızırdamaya bırakın.

b) Dolmalık biber ve soğanı ekleyin ve bir wok spatula kullanarak wok'ta fırlatıp çevirerek hızlıca kızartın.

c) Hafifçe tuz ekleyin ve soğan yumuşak ve yarı saydam görünene kadar 4 ila 6 dakika karıştırarak kızartmaya devam edin. Kar bezelye ve sarımsağı ekleyin, sarımsak kokulu olana kadar yaklaşık bir dakika daha fırlatıp çevirin. Sebzeleri bir tabağa aktarın.

d) 1 çorba kaşığı daha yağı ısıtın ve karides veya balığı ekleyin. Yavaşça atın ve küçük bir tutam tuzla hafifçe baharatlayın. 3 ila 4 dakika veya karides pembeleşene veya balık pul pul dökülmeye başlayana kadar karıştırın. Sebzeleri geri koyun ve her şeyi 1 dakika daha birlikte atın. Zencefili atın ve karidesi bir tabağa aktarın. Sıcak tutmak için folyo ile çadır.

e) Wok'u silin ve orta-yüksek ısıya geri dönün. Kalan yağı (yaklaşık ¾ fincan) dökün ve 375 ° F'ye veya bir tahta kaşığın ucunda kabarcıklar ve cızırtılar çıkana kadar ısıtın. Yağ uygun sıcaklığa gelir gelmez kuru erişteleri ekleyin. Hemen şişmeye ve yağdan yükselmeye başlayacaklar. Maşa kullanarak, üstünü kızartmanız gerekiyorsa erişte bulutunu ters çevirin ve yağdan dikkatlice kaldırın ve suyunu boşaltmak ve soğutmak için kağıt havluyla kaplı bir tabağa aktarın.

f) Erişteleri yavaşça daha küçük parçalara ayırın ve tavada kızartılmış sebzelerin ve karideslerin üzerine dağıtın. Hemen servis yapın.

38. Zencefilli ve Yeşil Soğanlı Bütün Buğulanmış Balık

İÇİNDEKİLER:
balık için
- 1 tam beyaz balık, yaklaşık 2 pound, kafa üstü ve temizlenmiş
- Temizlik için ½ su bardağı koşer tuzu
- 3 inçlik parçalar halinde dilimlenmiş 3 yeşil soğan
- Her biri yaklaşık çeyrek büyüklüğünde 4 soyulmuş taze zencefil dilimi
- 2 yemek kaşığı Shaoxing pirinç şarabı

sosu için
- 2 yemek kaşığı hafif soya sosu
- 1 yemek kaşığı susam yağı
- 2 çay kaşığı şeker

Cızırtılı zencefil yağı için
- 3 yemek kaşığı bitkisel yağ
- 2 yemek kaşığı soyulmuş taze zencefil, ince şeritler halinde ince jülyen doğranmış
- 2 taze soğan, ince dilimlenmiş
- İnce dilimlenmiş kırmızı soğan (isteğe bağlı)
- Kişniş (isteğe bağlı)

TALİMATLAR:

a) Balığın içini ve dışını koşer tuzuyla ovun. Balıkları durulayın ve kağıt havlularla kurulayın.

b) Bambu buharlı pişirici sepetine sığacak kadar büyük bir tabakta, yeşil soğan ve zencefilin yarısını kullanarak bir yatak yapın. Balığı üstüne koyun ve kalan taze soğanları ve zencefili balığın içine doldurun. Pirinç şarabını balığın üzerine dökün.

c) Bambu buharlı pişirici sepetini ve kapağını soğuk su altında durulayın ve wok'a yerleştirin. Yaklaşık 2 inç soğuk su veya buharlı pişiricinin alt kenarının yaklaşık ¼ ila ½ inç üzerine gelene kadar dökün, ancak su sepetin dibine değecek kadar yüksek değil. Suyu kaynamaya getirin.

d) Plakayı buhar sepetine yerleştirin ve üzerini kapatın. Balığı orta ateşte 15 dakika buğulayın (her yarım pound için 2 dakika ekleyin). Wok tavasından çıkarmadan önce, balığın başının yakınında bir çatalla delin. Et pul pul dökülürse, yapılır. Et hala birbirine yapışıyorsa, 2 dakika daha buharlayın.

e) Balık buharda pişirilirken küçük bir tavada hafif soya, susam yağı ve şekeri kısık ateşte ısıtın ve bir kenara koyun.

f) Balıklar piştikten sonra temiz bir tabağa alın. Pişirme sıvısını ve aromatikleri buhar tepsisinden atın. Ilık soya sosu karışımını balıkların üzerine dökün. Yağı hazırlarken sıcak tutmak için folyo ile çadır.

39. Zencefil ve Bok Choy ile Tavada Kızartılmış Balık

İÇİNDEKİLER:

- 1 büyük yumurta beyazı
- 1 yemek kaşığı Shaoxing pirinç şarabı
- 2 çay kaşığı mısır nişastası
- 1 çay kaşığı susam yağı
- ½ çay kaşığı hafif soya sosu
- 1 kiloluk kemiksiz balık filetosu, 2 inçlik parçalar halinde kesilmiş
- 4 yemek kaşığı bitkisel yağ, bölünmüş
- koşer tuzu
- 4 soyulmuş taze zencefil dilimi, yaklaşık çeyrek büyüklüğünde
- 3 kafa baby bok choy, lokmalık parçalar halinde kesilmiş
- 1 diş sarımsak, kıyılmış

TALİMATLAR:

a) Orta boy bir kapta yumurta akı, pirinç şarabı, mısır nişastası, susam yağı ve hafif soyayı karıştırın. Balıkları turşuya ekleyin ve kaplamak için karıştırın. 10 dakika marine edin.

b) Wok tavayı orta-yüksek ateşte bir damla su cızırdayana ve temas ettiğinde buharlaşana kadar ısıtın. Wok'un tabanını kaplamak için 2 yemek kaşığı bitkisel yağ dökün ve döndürün. Küçük bir tutam tuz ekleyerek yağı baharatlayın ve hafifçe döndürün.

c) Oluklu bir kaşıkla, balığı turşudan alın ve her iki tarafı da hafifçe kızarana kadar wok tavada yaklaşık 2 dakika kızartın. Balıkları bir tabağa aktarın ve bir kenara koyun.

d) Wok'a kalan 2 yemek kaşığı bitkisel yağı ekleyin. Bir tutam tuz ve zencefil ekleyin ve yağı 30 saniye hafifçe döndürerek baharatlayın. Çin lahanası ve sarımsağı ekleyin ve Çin lahanası yumuşayana kadar 3 ila 4 dakika karıştırarak kızartın.

e) Balığı wok'a geri koyun ve birleşene kadar bok choy ile hafifçe karıştırın. Başka bir tutam tuzla hafifçe baharatlayın. Bir tabağa aktarın, zencefili atın ve hemen servis yapın.

40. Siyah Fasulye Soslu Midye

İÇİNDEKİLER:
- 3 yemek kaşığı bitkisel yağ
- 2 soyulmuş taze zencefil dilimi, her biri çeyrek büyüklüğünde
- koşer tuzu
- 2 inç uzunluğunda parçalar halinde kesilmiş 2 yeşil soğan
- 4 büyük diş sarımsak, ince dilimlenmiş
- 2 pound canlı PEI midyesi, temizlenmiş ve sakalı alınmış
- 2 yemek kaşığı Shaoxing pirinç şarabı
- 2 yemek kaşığı Siyah Fasulye Sosu veya mağazadan alınmış siyah fasulye sosu
- 2 çay kaşığı susam yağı
- ½ demet taze kişniş, iri kıyılmış

TALİMATLAR:

a) Wok tavayı orta-yüksek ateşte bir damla su cızırdayana ve temas ettiğinde buharlaşana kadar ısıtın. Wok tavasının tabanını kaplamak için bitkisel yağı dökün ve döndürün. Zencefil dilimlerini ve küçük bir tutam tuzu ekleyerek yağı tatlandırın. Zencefili hafifçe döndürerek yaklaşık 30 saniye yağda cızırdamaya bırakın.

b) Taze soğanları ve sarımsağı atın ve 10 saniye veya yeşil soğanlar solana kadar karıştırın.

c) Midyeleri ekleyin ve yağ ile kaplamak için fırlatın. Pirinç şarabını wok tavasının kenarlarına dökün ve kısa süre karıştırın. Midyeler açılıncaya kadar 6 ila 8 dakika boyunca örtün ve buharlayın.

d) Ortaya çıkarın ve midye kaplamak için savurarak siyah fasulye sosu ekleyin. Örtün ve 2 dakika daha buharlaşmasına izin verin. Ortaya çıkarın ve açılmamış midyeleri ayıklayın.

e) Midyeleri susam yağı ile gezdirin. Susam yağı kokulu olana kadar kısaca atın. Zencefili atın, midyeleri bir tabağa alın ve kişnişle süsleyin.

41. Hindistan cevizi Körili Yengeç

İÇİNDEKİLER:

- 2 yemek kaşığı bitkisel yağ
- 2 soyulmuş dilim taze zencefil, yaklaşık çeyrek büyüklüğünde
- koşer tuzu
- 1 arpacık soğan, ince dilimlenmiş
- 1 yemek kaşığı toz köri
- 1 (13,5 ons) hindistancevizi sütü olabilir
- ¼ çay kaşığı şeker
- 1 yemek kaşığı Shaoxing pirinç şarabı
- 1 kiloluk konserve yengeç eti, süzülmüş ve kabuk parçalarını çıkarmak için toplanmış
- Taze çekilmiş karabiber
- Garnitür için ¼ fincan kıyılmış taze kişniş veya düz yapraklı maydanoz
- Pişmiş pirinç, servis için

TALİMATLAR:

a) Wok tavayı orta-yüksek ateşte bir damla su cızırdayana ve temas ettiğinde buharlaşana kadar ısıtın. Yağı dökün ve wokun tabanını kaplamak için döndürün. Zencefil dilimlerini ve bir tutam tuzu ekleyerek yağı tatlandırın. Zencefili hafifçe döndürerek yaklaşık 30 saniye yağda cızırdamaya bırakın.

b) Arpacık ekleyin ve yaklaşık 10 saniye karıştırarak kızartın. Köri tozunu ekleyin ve 10 saniye daha kokulu olana kadar karıştırın.

c) Hindistan cevizi sütü, şeker ve pirinç şarabını ilave edin, tavayı kapatın ve 5 dakika pişirin.

d) Yengeci ilave edin, kapağı kapatın ve tamamen ısınana kadar yaklaşık 5 dakika pişirin. Kapağı çıkarın, baharatı tuz ve karabiberle ayarlayın ve zencefili atın. Bir kase pirinci üstüne koyun ve kıyılmış kişniş ile süsleyin.

42. Kızarmış Karabiber Kalamarı

İÇİNDEKİLER:
- 3 su bardağı bitkisel yağ
- 1 kiloluk kalamar tüpleri ve dokunaçları, temizlenmiş ve ⅓ inçlik halkalar halinde kesilmiş tüpler
- ½ su bardağı pirinç unu
- koşer tuzu
- ¼ çay kaşığı taze çekilmiş karabiber
- ¾ su bardağı maden suyu, buz gibi soğuk
- 2 yemek kaşığı iri kıyılmış taze kişniş

TALİMATLAR:
a) Yağı wok'a dökün; yağ yaklaşık 1 ila 1½ inç derinliğinde olmalıdır. Yağı orta-yüksek ateşte 375 ° F'ye getirin. Yağın doğru sıcaklıkta olduğunu tahta kaşığın ucuna daldırıldığında köpüren ve cızırdayan yağdan anlayabilirsiniz. Kalamarı kağıt havluyla kurulayın.

b) Bu arada sığ bir kapta pirinç ununu bir tutam tuz ve karabiberle karıştırın. İnce bir hamur oluşturmak için yeterince köpüklü suda çırpın. Kalamarı katlayın ve gruplar halinde çalışarak, bir wok skimmer veya oluklu kaşık kullanarak kalamarları hamurdan kaldırın ve fazlalıkları silkeleyin. Kızgın yağa dikkatlice indirin.

c) Kalamarı altın rengi kahverengi ve gevrek olana kadar yaklaşık 3 dakika pişirin. Wok skimmer kullanarak kalamarları yağdan çıkarın ve kağıt havlu serili bir tabağa aktarın ve hafifçe tuzlayın. Kalan kalamarla tekrarlayın.

d) Kalamarı bir tabağa alın ve kişnişle süsleyin. Sıcak servis yapın.

43. Acı Sarımsaklı Konfeti ile Kızarmış İstiridye

İÇİNDEKİLER:

- 1 (16 ons) konteyner küçük ayıklanmış istiridye
- ½ su bardağı pirinç unu
- ½ bardak çok amaçlı un, bölünmüş
- ½ çay kaşığı kabartma tozu
- koşer tuzu
- öğütülmüş beyaz biber
- ¼ çay kaşığı soğan tozu
- ¾ su bardağı maden suyu, soğutulmuş
- 1 çay kaşığı susam yağı
- 3 su bardağı bitkisel yağ
- 3 büyük diş sarımsak, ince dilimlenmiş
- 1 küçük kırmızı biber, ince doğranmış
- 1 küçük yeşil biber, ince doğranmış
- 1 yeşil soğan, ince dilimlenmiş

TALİMATLAR:

a) Bir karıştırma kabında pirinç unu, ¼ su bardağı çok amaçlı un, kabartma tozu, bir tutam tuz ve beyaz biber ve soğan tozunu karıştırın. Köpüklü su ve susam yağını ekleyin, pürüzsüz olana kadar karıştırın ve bir kenara koyun.

b) Bir wok içinde, bitkisel yağı orta-yüksek ateşte 375 ° F'ye veya bir tahta kaşığın ucunda kabarcıklar ve cızırtılar çıkana kadar ısıtın.

c) İstiridyeleri bir kağıt havluyla kurulayın ve kalan ¼ bardak çok amaçlı unu serpin. İstiridyeleri teker teker pirinç unu karışımına batırın ve dikkatlice kızgın yağa indirin.

d) İstiridyeleri 3 ila 4 dakika veya altın rengi kahverengi olana kadar kızartın. Boşaltmak için bir fırın tepsisine yerleştirilmiş bir tel soğutma rafına aktarın. Hafifçe tuz serpin.

e) Yağ sıcaklığını 375°F'ye getirin ve sarımsakları ve biberleri çıtır çıtır ama yine de parlak renkli olana kadar yaklaşık 45 saniye kısaca kızartın. Bir tel kepçe ile yağdan çıkarın ve kağıt havluyla kaplı bir tabağa koyun.

f) İstiridyeleri bir tabağa dizin ve üzerine sarımsak ve kırmızı biber serpin. Dilimlenmiş taze soğanlarla süsleyin ve hemen servis yapın.

44. Kung Pao Tavuk

İÇİNDEKİLER:

- 3 çay kaşığı hafif soya sosu
- 2½ çay kaşığı mısır nişastası
- 2 çay kaşığı Çin kara sirkesi
- 1 çay kaşığı Shaoxing pirinç şarabı
- 1 çay kaşığı susam yağı
- ¾ pound kemiksiz, derisiz, tavuk uylukları, 1 inçlik parçalar halinde kesilmiş
- 2 yemek kaşığı bitkisel yağ
- 6 ila 8 bütün kurutulmuş kırmızı biber
- 3 yeşil soğan, beyaz ve yeşil kısımları ayrılmış, ince dilimlenmiş
- 2 diş sarımsak, kıyılmış
- 1 çay kaşığı soyulmuş kıyılmış taze zencefil
- ¼ fincan tuzsuz kuru kavrulmuş fıstık

TALİMATLAR:

a) Orta boy bir kapta hafif soya, mısır nişastası, siyah sirke, pirinç şarabı ve susam yağını mısır nişastası eriyene kadar karıştırın. Tavuğu ekleyin ve kaplamak için hafifçe karıştırın. 10 ila 15 dakika veya malzemelerin geri kalanını hazırlamak için yeterli süre boyunca marine edin.

b) Wok tavayı orta-yüksek ateşte bir damla su cızırdayana ve temas ettiğinde buharlaşana kadar ısıtın. Wok tavasının tabanını kaplamak için bitkisel yağı dökün ve döndürün.

c) Biberleri ekleyin ve yaklaşık 10 saniye ya da kararmaya başlayana ve yağ hafif kokulu olana kadar karıştırarak kızartın.

d) Tavuğu ekleyin, turşuyu ayırın ve pembeleşinceye kadar 3 ila 4 dakika karıştırarak kızartın.

e) Yeşil soğan beyazlarını, sarımsağı ve zencefili atın ve yaklaşık 30 saniye karıştırarak kızartın. Marinayı dökün ve tavuğu kaplamak için karıştırın. Yer fıstığını atın ve sos parlaklaşana kadar 2 ila 3 dakika daha pişirin.

f) Servis tabağına aktarın, yeşil soğanla süsleyin ve sıcak servis yapın.

45. brokoli tavuk

İÇİNDEKİLER:

- 1 yemek kaşığı Shaoxing pirinç şarabı
- 2 çay kaşığı hafif soya sosu
- 1 çay kaşığı kıyılmış sarımsak
- 1 çay kaşığı mısır nişastası
- ¼ çay kaşığı şeker
- ¾ pound kemiksiz, derisiz tavuk baldırları, 2 inçlik parçalar halinde kesilmiş
- 2 yemek kaşığı bitkisel yağ
- 4 soyulmuş taze zencefil dilimi, yaklaşık çeyrek büyüklüğünde
- koşer tuzu
- 1 kiloluk brokoli, ısırık büyüklüğünde çiçeklere bölünmüş
- 2 yemek kaşığı su
- Kırmızı biber gevreği (isteğe bağlı)
- ¼ fincan Siyah Fasulye Sosu veya mağazadan satın alınan siyah fasulye sosu

TALİMATLAR:

a) Küçük bir kapta pirinç şarabı, hafif soya, sarımsak, mısır nişastası ve şekeri karıştırın. Tavuğu ekleyin ve 10 dakika marine edin.

b) Wok tavayı orta-yüksek ateşte bir damla su cızırdayana ve temas ettiğinde buharlaşana kadar ısıtın. Wok tavasının tabanını kaplamak için bitkisel yağı dökün ve döndürün. Zencefil ve bir tutam tuz ekleyin. Zencefili hafifçe döndürerek yaklaşık 30 saniye cızırdamaya bırakın.

c) Tavuğu, turşuyu atarak wok'a aktarın. Tavuğu artık pembeleşene kadar 4 ila 5 dakika karıştırarak kızartın. Brokoli, su ve bir tutam kırmızı biber gevreği (kullanılıyorsa) ekleyin ve 1 dakika karıştırarak kızartın. Wok tavasını kapatın ve brokoliyi çıtır çıtır olana kadar 6 ila 8 dakika buharda pişirin.

d) Siyah fasulye sosunu kaplanana ve yaklaşık 2 dakika ısıtılana kadar veya sos hafifçe koyulaşıp parlak hale gelene kadar karıştırın.

e) Zencefili atın, bir tabağa aktarın ve sıcak servis yapın.

46. Mandalina Lezzet Tavuğu

İÇİNDEKİLER:

- 3 büyük yumurta akı
- 2 yemek kaşığı mısır nişastası
- 1½ yemek kaşığı hafif soya sosu, bölünmüş
- ¼ çay kaşığı öğütülmüş beyaz biber
- ¾ pound kemiksiz, derisiz tavuk butları, lokma büyüklüğünde parçalar halinde kesilmiş
- 3 su bardağı bitkisel yağ
- Her biri yaklaşık çeyrek büyüklüğünde 4 soyulmuş taze zencefil dilimi
- 1 çay kaşığı Sichuan biberi, hafifçe kırılmış
- koşer tuzu
- ½ sarı soğan, ¼ inç genişliğinde şeritler halinde ince dilimlenmiş
- 1 mandalina kabuğu, ⅛ inç kalınlığında şeritler halinde kıyılmış
- 2 mandalina suyu (yaklaşık ½ su bardağı)
- 2 çay kaşığı susam yağı
- ½ çay kaşığı pirinç sirkesi
- Açık kahverengi şeker
- Garnitür için ince dilimlenmiş 2 taze soğan
- Süslemek için 1 yemek kaşığı susam

TALİMATLAR:

a) Bir karıştırma kabında, bir çatal veya çırpma teli kullanarak, yumurta aklarını köpürene kadar ve daha sıkı kümeler köpürene kadar çırpın. İyice karışana kadar mısır nişastası, 2 çay kaşığı hafif soya ve beyaz biberi ilave edin. Tavuğu katlayın ve 10 dakika marine edin.

b) Yağı wok'a dökün; yağ yaklaşık 1 ila 1½ inç derinliğinde olmalıdır. Yağı orta-yüksek ateşte 375 ° F'ye getirin. Bir tahta kaşığın ucunu yağa batırdığınızda yağın doğru sıcaklıkta olduğunu anlayabilirsiniz. Yağ etrafında kabarcıklar ve cızırtılar varsa, yağ hazırdır.

c) Oluklu bir kaşık veya wok skimmer kullanarak tavuğu turşunun içinden alın ve fazlalığı silkeleyin. Kızgın yağa dikkatlice indirin. Tavuğu gruplar halinde 3 ila 4 dakika veya tavuk yüzeyde altın rengi kahverengi ve çıtır çıtır olana kadar kızartın. Kağıt havlu kaplı bir plakaya aktarın.

d) Woktan 1 çorba kaşığı yağ hariç hepsini dökün ve orta-yüksek ateşte ayarlayın. Wok'un tabanını kaplamak için yağı döndürün. Zencefil, karabiber ve bir tutam tuz ekleyerek yağı baharatlayın. Zencefil ve karabiberlerin hafifçe dönerek yaklaşık 30 saniye yağda cızırdamasına izin verin.

e) Soğanı ekleyin ve 2 ila 3 dakika veya soğan yumuşak ve yarı saydam hale gelene kadar bir wok spatula ile fırlatıp çevirerek karıştırarak kızartın. Mandalina kabuğunu ekleyin ve bir dakika daha veya kokulu olana kadar karıştırın.

f) Mandalina suyu, susam yağı, sirke ve bir tutam esmer şeker ekleyin. Sosu kaynatın ve yarı yarıya azalana kadar yaklaşık 6 dakika pişirin. Şurup kıvamında ve çok keskin olmalıdır. Tadına bakın ve gerekirse bir tutam tuz ekleyin.

g) Ocağı kapatın ve kızarmış tavuğu sosla kaplamak için fırlatarak ekleyin. Tavuğu bir tabağa alın, zencefili atın ve dilimlenmiş yeşil soğan ve susamla süsleyin. Sıcak servis yapın.

47. Kaju TAVUK

4'TEN 6'YA HİZMET VERİR

İÇİNDEKİLER:

- 1 yemek kaşığı hafif soya sosu
- 2 çay kaşığı Shaoxing pirinç şarabı
- 2 çay kaşığı mısır nişastası
- 1 çay kaşığı susam yağı
- ½ çay kaşığı öğütülmüş Sichuan biberi
- ¾ pound kemiksiz, derisiz, tavuk uylukları, 1 inçlik küpler halinde kesilmiş
- 2 yemek kaşığı bitkisel yağ
- ½ inç parça soyulmuş ince kıyılmış taze zencefil
- koşer tuzu
- ½ kırmızı dolmalık biber, ½ inçlik parçalar halinde kesin
- 1 küçük kabak, ½ inçlik parçalar halinde kesilmiş
- 2 diş sarımsak, kıyılmış
- ½ su bardağı tuzsuz kuru kavrulmuş kaju fıstığı
- 2 yeşil soğan, beyaz ve yeşil kısımları ayrılmış, ince dilimlenmiş

TALİMATLAR:

a) Orta boy bir kapta hafif soya, pirinç şarabı, mısır nişastası, susam yağı ve Sichuan biberini karıştırın. Tavuğu ekleyin ve kaplamak için hafifçe karıştırın. 15 dakika veya kalan malzemeleri hazırlamak için yeterli süre boyunca marine etmesine izin verin.

b) Wok tavayı orta-yüksek ateşte bir damla su cızırdayana ve temas ettiğinde buharlaşana kadar ısıtın. Wok tavasının tabanını kaplamak için bitkisel yağı dökün ve döndürün. Zencefil ve bir tutam tuz ekleyerek yağı baharatlayın. Zencefili hafifçe döndürerek yaklaşık 30 saniye yağda cızırdamaya bırakın.

c) Maşa kullanarak tavuğu turşunun içinden alın ve turşuyu ayırarak wok'a aktarın. Tavuğu artık pembeleşene kadar 4 ila 5 dakika karıştırarak kızartın. Kırmızı dolmalık biber, kabak ve sarımsağı ekleyin ve 2 ila 3 dakika veya sebzeler yumuşayana kadar karıştırarak kızartın.

d) Marinayı dökün ve diğer malzemeleri kaplamak için karıştırın. Marinayı kaynatın ve sos kalınlaşıp parlaklaşana kadar 1 ila 2 dakika karıştırarak kızartmaya devam edin. Kajuları karıştırın ve bir dakika daha pişirin.

e) Servis tabağına alıp maydanozla süsleyerek sıcak servis yapın.

48. Kadife Tavuk ve Kar Bezelyesi

İÇİNDEKİLER:

- 2 büyük yumurta akı
- 2 yemek kaşığı mısır nişastası, artı 1 çay kaşığı
- ¾ pound kemiksiz, derisiz tavuk göğsü
- 3½ yemek kaşığı bitkisel yağ, bölünmüş
- ⅓ su bardağı düşük sodyumlu tavuk suyu
- 1 yemek kaşığı Shaoxing pirinç şarabı
- koşer tuzu
- öğütülmüş beyaz biber
- 4 adet soyulmuş taze zencefil dilimi
- 1 (4 ons) bambu filizlerini dilimleyebilir, durulayabilir ve süzebilir
- 3 diş sarımsak, kıyılmış
- ¾ pound bezelye veya şeker bezelye, ipleri alınmış

TALİMATLAR:

a) Bir karıştırma kabında, bir çatal veya çırpma teli kullanarak, yumurta aklarını köpürene ve daha sıkı olan yumurta akı kümeleri köpürene kadar çırpın. 2 yemek kaşığı mısır nişastasını iyice karışana ve artık topaklanmayana kadar karıştırın. Tavuğu ve 1 çorba kaşığı bitkisel yağı katlayın ve marine edin.

b) Küçük bir kapta tavuk suyu, pirinç şarabı ve kalan 1 çay kaşığı mısır nişastasını karıştırın ve birer tutam tuz ve beyaz biberle tatlandırın. Kenara koyun.

c) Su dolu orta boy bir tencereyi yüksek ateşte kaynatın. ½ yemek kaşığı yağ ekleyin ve ısıyı kaynama noktasına indirin. Marine suyunun akmasını sağlamak için bir wok skimmer veya oluklu kaşık kullanarak tavuğu kaynar suya aktarın. Parçaların birbirine yapışmaması için tavuğu karıştırın. Tavuğun dışı beyaz olana kadar pişene kadar 40 ila 50 saniye pişirin. Tavuğu bir kevgir içinde boşaltın ve fazla suyu sallayın. Kaynayan suyu atın.

d) Wok tavayı orta-yüksek ateşte bir damla su cızırdayana ve temas ettiğinde buharlaşana kadar ısıtın. Kalan 2 yemek kaşığı yağı dökün ve wokun tabanını kaplamak için döndürün. Zencefil dilimlerini ve tuzu ekleyerek yağı tatlandırın. Zencefili hafifçe döndürerek yaklaşık 30 saniye yağda cızırdamaya bırakın.

e) Bambu filizlerini ve sarımsağı ekleyin ve bir wok spatula kullanarak yağla kaplayın ve kokulu olana kadar yaklaşık 30 saniye pişirin. Kar bezelyelerini ekleyin ve parlak yeşil ve gevrek yumuşayana kadar yaklaşık 2 dakika karıştırarak kızartın. Tavuğu wok'a ekleyin ve sos karışımında döndürün. Kaplamak için atın ve 1 ila 2 dakika pişirmeye devam edin.

f) Bir tabağa aktarın ve zencefili atın. Sıcak servis yapın.

49. Siyah Fasulye Soslu Tavuk ve Sebzeler

İÇİNDEKİLER:

- 1 yemek kaşığı hafif soya sosu
- 1 çay kaşığı susam yağı
- 1 çay kaşığı mısır nişastası
- ¾ pound kemiksiz, derisiz tavuk butları, lokma büyüklüğünde parçalar halinde kesilmiş
- 3 yemek kaşığı bitkisel yağ, bölünmüş
- 1 soyulmuş taze zencefil dilimi, yaklaşık çeyrek büyüklüğünde
- koşer tuzu
- 1 küçük sarı soğan, lokma büyüklüğünde parçalar halinde kesilmiş
- ½ kırmızı dolmalık biber, lokma büyüklüğünde parçalar halinde kesilmiş
- ½ sarı veya yeşil dolmalık biber, lokma büyüklüğünde parçalar halinde kesilmiş
- 3 diş sarımsak, kıyılmış
- ⅓ fincan Siyah Fasulye Sosu veya mağazadan satın alınan siyah fasulye sosu

TALİMATLAR:

a) Büyük bir kapta hafif soya, susam yağı ve mısır nişastasını mısır nişastası eriyene kadar karıştırın. Tavuğu ekleyin ve marine ile kaplamak için fırlatın. Tavuğu 10 dakika marine etmek için bir kenara koyun.

b) Wok tavayı orta-yüksek ateşte bir damla su cızırdayana ve temas ettiğinde buharlaşana kadar ısıtın. Wok'un tabanını kaplamak için 2 yemek kaşığı bitkisel yağ dökün ve döndürün. Zencefil ve bir tutam tuz ekleyerek yağı baharatlayın. Zencefili hafifçe döndürerek yaklaşık 30 saniye yağda cızırdamaya bırakın.

c) Tavuğu wok'a aktarın ve turşuyu atın. Parçaları wok'ta 2 ila 3 dakika kavurun. Diğer tarafta 1 ila 2 dakika daha kızartmak için çevirin. 1 dakika daha wok tavada hızlıca çevirerek ve karıştırarak kızartın. Temiz bir kaseye aktarın.

d) Kalan 1 çorba kaşığı yağı ekleyin ve soğan ve dolmalık biberleri atın. 2 ila 3 dakika hızlıca karıştırarak kızartın, soğan yarı saydam görünene ancak yine de sağlam bir dokuya sahip olana kadar sebzeleri bir wok spatula ile fırlatıp çevirin. Sarımsak ekleyin ve 30 saniye daha karıştırın.

e) Tavuğu wok'a geri koyun ve siyah fasulye sosunu ekleyin. Tavuk ve sebzeler kaplanana kadar fırlatıp çevirin.

f) Bir tabağa aktarın, zencefili atın ve sıcak servis yapın.

50. Yeşil Fasulye Tavuğu

İÇİNDEKİLER:

- ¾ pound kemiksiz, derisiz tavuk butları, tahıl boyunca ısırık büyüklüğünde şeritler halinde dilimlenmiş
- 3 yemek kaşığı Shaoxing pirinç şarabı, bölünmüş
- 2 çay kaşığı mısır nişastası
- koşer tuzu
- Kırmızı pul biber
- 3 yemek kaşığı bitkisel yağ, bölünmüş
- Her biri yaklaşık çeyrek büyüklüğünde 4 soyulmuş taze zencefil dilimi
- ¾ pound yeşil fasulye, kesilmiş ve çapraz olarak ikiye bölünmüş
- 2 yemek kaşığı hafif soya sosu
- 1 yemek kaşığı terbiyeli pirinç sirkesi
- ¼ fincan şeritli badem, kızarmış
- 2 çay kaşığı susam yağı

TALİMATLAR:

a) Bir karıştırma kabında tavuğu 1 çorba kaşığı pirinç şarabı, mısır nişastası, küçük bir tutam tuz ve bir tutam kırmızı pul biberle karıştırın. Tavuğu eşit şekilde kaplamak için karıştırın. 10 dakika marine edin.

b) Wok tavayı orta-yüksek ateşte bir damla su cızırdayana ve temas ettiğinde buharlaşana kadar ısıtın. Wok'un tabanını kaplamak için 2 yemek kaşığı bitkisel yağ dökün ve döndürün. Zencefil ve küçük bir tutam tuz ekleyerek yağı baharatlayın. Zencefili hafifçe döndürerek yaklaşık 30 saniye yağda cızırdamaya bırakın.

c) Tavuğu ve turşuyu wok tavaya ekleyin ve 3 ila 4 dakika veya tavuk hafifçe kızarana ve pembeliği kaybolana kadar karıştırarak kızartın. Temiz bir kaseye aktarın ve kenara koyun.

d) Kalan 1 çorba kaşığı bitkisel yağı ekleyin ve yeşil fasulyeleri 2 ila 3 dakika veya parlak yeşil olana kadar karıştırarak kızartın. Tavuğu wok'a geri koyun ve birlikte atın. Kalan 2 yemek kaşığı pirinç şarabı, hafif soya ve sirkeyi ekleyin. Birleştirmek ve kaplamak için fırlatın ve yeşil fasulyelerin 3 dakika daha veya yeşil fasulye yumuşayana kadar kaynamasına izin verin. Zencefili çıkarın ve atın.

e) İçine bademleri atın ve bir tabağa alın. Üzerine susam yağı gezdirip sıcak servis yapın.

51. Susam Soslu Tavuk

İÇİNDEKİLER:

- 3 büyük yumurta akı
- 3 yemek kaşığı mısır nişastası, bölünmüş
- 1½ yemek kaşığı hafif soya sosu, bölünmüş
- 1 pound kemiksiz, derisiz tavuk baldırları, lokma büyüklüğünde parçalar halinde kesilmiş
- 3 su bardağı bitkisel yağ
- Her biri yaklaşık çeyrek büyüklüğünde 3 soyulmuş taze zencefil dilimi
- koşer tuzu
- Kırmızı pul biber
- 3 diş sarımsak, iri kıyılmış
- ¼ bardak düşük sodyumlu tavuk suyu
- 2 yemek kaşığı susam yağı
- Garnitür için ince dilimlenmiş 2 taze soğan
- Süslemek için 1 yemek kaşığı susam

TALİMATLAR:

a) Bir karıştırma kabında, bir çatal veya çırpma teli kullanarak, yumurta aklarını köpürene ve daha sıkı olan yumurta akı kümeleri köpürene kadar çırpın. İyice karışana kadar 2 yemek kaşığı mısır nişastası ve 2 çay kaşığı hafif soya karıştırın. Tavuğu katlayın ve 10 dakika marine edin.

b) Yağı wok'a dökün; yağ yaklaşık 1 ila 1½ inç derinliğinde olmalıdır. Yağı orta-yüksek ateşte 375 ° F'ye getirin. Bir tahta kaşığın ucunu yağa batırdığınızda yağın doğru sıcaklıkta olduğunu anlayabilirsiniz. Yağ etrafında kabarcıklar ve cızırtılar varsa, yağ hazırdır.

c) Oluklu bir kaşık veya wok skimmer kullanarak tavuğu turşunun içinden alın ve fazlalığı silkeleyin. Kızgın yağa dikkatlice indirin. Tavuğu gruplar halinde 3 ila 4 dakika veya tavuk yüzeyde altın rengi kahverengi ve çıtır çıtır olana kadar kızartın. Kağıt havlu kaplı bir plakaya aktarın.

d) Woktan 1 çorba kaşığı yağ hariç hepsini dökün ve orta-yüksek ateşte ayarlayın. Wok'un tabanını kaplamak için yağı döndürün. Zencefili ve bir tutam tuzu ve kırmızı pul biberi ekleyerek yağı tatlandırın. Zencefil ve biber pullarının hafifçe dönerek yaklaşık 30 saniye yağda cızırdamasına izin verin.

e) Sarımsağı ekleyin ve kızartın, bir wok spatula ile 30 saniye çevirin ve çevirin. Tavuk suyunu, kalan 2½ çay kaşığı hafif soya ve kalan 1 çorba kaşığı mısır nişastasını karıştırın. Sos koyulaşana ve parlaklaşana kadar 4 ila 5 dakika pişirin. Susam yağını ekleyin ve birleştirmek için karıştırın.

f) Ocağı kapatın ve kızarmış tavuğu sosla kaplamak için fırlatarak ekleyin. Zencefili çıkarın ve atın. Bir tabağa aktarın ve dilimlenmiş taze soğan ve susamla süsleyin.

52. Tatlı ve ekşi tavuk

İÇİNDEKİLER:

- 2 çay kaşığı mısır nişastası ve 2 yemek kaşığı su
- 3 yemek kaşığı bitkisel yağ, bölünmüş
- 4 adet soyulmuş taze zencefil dilimi
- ¾ pound kemiksiz, derisiz tavuk butları, lokma büyüklüğünde kesilmiş
- ½ kırmızı dolmalık biber, ½ inçlik parçalar halinde kesin
- ½ yeşil dolmalık biber, ½ inçlik parçalar halinde kesin
- ½ sarı soğan, ½ inçlik parçalar halinde kesin
- 1 (8 ons) ananas parçaları, süzülmüş, meyve suları ayrılmış olabilir
- 1 (4 ons) dilimlenmiş su kestanesi, süzülmüş olabilir
- ¼ bardak düşük sodyumlu tavuk suyu
- 2 yemek kaşığı açık kahverengi şeker
- 2 yemek kaşığı elma sirkesi
- 2 yemek kaşığı ketçap
- 1 çay kaşığı Worcestershire sosu
- Garnitür için ince dilimlenmiş 3 taze soğan

TALİMATLAR:

a) Küçük bir kasede mısır nişastası ve suyu karıştırın ve bir kenara koyun.

b) Wok tavayı orta-yüksek ateşte bir damla su cızırdayana ve temas ettiğinde buharlaşana kadar ısıtın. Wok tabanını kaplamak için 2 yemek kaşığı yağ dökün ve döndürün. Zencefil ve bir tutam tuz ekleyerek yağı baharatlayın. Zencefili hafifçe döndürerek yaklaşık 30 saniye yağda cızırdamaya bırakın.

c) Tavuğu ekleyin ve wok'a karşı 2 ila 3 dakika kavurun. Tavuğu çevirin ve atın, yaklaşık 1 dakika daha veya artık pembeleşene kadar karıştırarak kızartın. Bir kaseye aktarın ve bir kenara koyun.

d) Kalan 1 çorba kaşığı yağı ekleyin ve kaplamak için karıştırın. Kırmızı ve yeşil dolmalık biberleri ve soğanı yumuşak ve yarı saydam olana kadar 3 ila 4 dakika karıştırarak kızartın. Ananas ve su kestanelerini ekleyin ve bir dakika daha karıştırarak kızartmaya devam edin. Sebzeleri tavuğa ekleyin ve bir kenara koyun.

e) Ayrılmış ananas suyu, tavuk suyu, esmer şeker, sirke, ketçap ve Worcestershire sosunu wok tavaya dökün ve kaynatın. Isıyı orta-yüksek seviyede tutun ve sıvı yarı yarıya azalana kadar yaklaşık 4 dakika pişirin.

f) Tavuğu ve sebzeleri wok'a geri koyun ve sosla birleştirmek için fırlatın. Mısır nişastası-su karışımını hızlıca karıştırın ve tavaya ekleyin. Mısır nişastası sosu koyulaştırmaya ve parlaklaşmaya başlayana kadar her şeyi çevirin ve çevirin.

g) Zencefili atın, bir tabağa aktarın, yeşil soğanla süsleyin ve sıcak servis yapın.

53. Moo Goo Gai Pan

İÇİNDEKİLER:

- 1 yemek kaşığı hafif soya sosu
- 1 yemek kaşığı Shaoxing pirinç şarabı
- 2 çay kaşığı susam yağı
- ¾ pound kemiksiz, derisiz tavuk göğsü, dilimlenmiş
- ½ su bardağı düşük sodyumlu tavuk suyu
- 2 yemek kaşığı istiridye sosu
- 1 çay kaşığı şeker
- 1 yemek kaşığı mısır nişastası
- 3 yemek kaşığı bitkisel yağ, bölünmüş
- 4 adet soyulmuş taze zencefil dilimi
- 4 ons taze düğme mantar, ince dilimlenmiş
- 1 (4 ons) dilimlenmiş bambu filizi, süzülmüş olabilir
- 1 (4 ons) dilimlenmiş su kestanesi, süzülmüş olabilir
- 1 diş sarımsak, ince kıyılmış

TALİMATLAR:

a) Büyük bir kapta hafif soya, pirinç şarabı ve susam yağını pürüzsüz olana kadar çırpın. Tavuğu ekleyin ve kaplamak için fırlatın. 15 dakika marine edin.

b) Küçük bir kapta tavuk suyu, istiridye sosu, şeker ve mısır nişastasını pürüzsüz olana kadar çırpın ve bir kenara koyun.

c) Wok tavayı orta-yüksek ateşte bir damla su cızırdayana ve temas ettiğinde buharlaşana kadar ısıtın. Wok'un tabanını kaplamak için 2 yemek kaşığı bitkisel yağ dökün ve döndürün. Zencefil ve küçük bir tutam tuz ekleyerek yağı baharatlayın. Zencefili hafifçe döndürerek yaklaşık 30 saniye yağda cızırdamaya bırakın.

d) Tavuğu ekleyin ve turşuyu atın. Tavuk artık pembeleşene kadar 2 ila 3 dakika karıştırarak kızartın. Temiz bir kaseye aktarın ve kenara koyun.

e) Kalan 1 yemek kaşığı bitkisel yağı ekleyin. Mantarları 3 ila 4 dakika karıştırın, hızla fırlatın ve çevirin. Mantarlar kurur kurumaz tavada kızartmayı bırakın ve mantarları sıcak tavada yaklaşık bir dakika bekletin.

f) Bambu filizlerini, kestaneleri ve sarımsağı ekleyin. 1 dakika veya sarımsak kokulu olana kadar karıştırın. Tavuğu wok'a geri koyun ve birleştirmek için fırlatın.

g) Sosu birlikte karıştırın ve wok'a ekleyin. Karıştırın ve sos yaklaşık 45 saniye kaynamaya başlayana kadar pişirin. Sos kalınlaşana ve parlak hale gelene kadar savurmaya ve çevirmeye devam edin. Zencefili çıkarın ve atın.

54. Yumurta Foo Yong

İÇİNDEKİLER:
- 5 büyük yumurta, oda sıcaklığında
- koşer tuzu
- öğütülmüş beyaz biber
- ½ su bardağı ince dilimlenmiş şitaki mantarı kapakları
- ½ su bardağı donmuş bezelye, çözülmüş
- 2 taze soğan, doğranmış
- 2 çay kaşığı susam yağı
- ½ su bardağı düşük sodyumlu tavuk suyu
- 1½ yemek kaşığı istiridye sosu
- 1 yemek kaşığı Shaoxing pirinç şarabı
- ½ çay kaşığı şeker
- 2 yemek kaşığı hafif soya sosu
- 1 yemek kaşığı mısır nişastası
- 3 yemek kaşığı bitkisel yağ
- Pişmiş pirinç, servis için

TALİMATLAR:
a) Büyük bir kapta, yumurtaları bir tutam tuz ve beyaz biberle çırpın. Mantar, bezelye, yeşil soğan ve susam yağını karıştırın. Kenara koyun.

b) Tavuk suyu, istiridye sosu, pirinç şarabı ve şekeri küçük bir tencerede orta ateşte kaynatarak sosu yapın. Küçük bir cam ölçü kabında hafif soya ve mısır nişastasını mısır nişastası tamamen eriyene kadar çırpın. Mısır nişastalı karışımı sürekli çırparak sosun içine dökün ve sos kaşığın arkasını kaplayacak kadar kalınlaşana kadar 3-4 dakika pişirin. Örtün ve bir kenara koyun.

c) Wok tavayı orta-yüksek ateşte bir damla su cızırdayana ve temas ettiğinde buharlaşana kadar ısıtın. Wok tavasının tabanını kaplamak için bitkisel yağı dökün ve döndürün. Yumurta karışımını ekleyin ve wok'u çevirerek ve sallayarak alt tarafı altın rengi olana kadar pişirin. Omleti tavadan bir tabağa kaydırın ve wok'un üzerine ters çevirin veya diğer tarafı altın rengi olana kadar pişirmek için bir spatula ile çevirin. Omleti servis tabağına alın ve pişmiş pilavın üzerine bir kaşık sos ile servis edin.

55. Domatesli Yumurta Tavada Kızartma

İÇİNDEKİLER:

- 4 büyük yumurta, oda sıcaklığında
- 1 çay kaşığı Shaoxing pirinç şarabı
- ½ çay kaşığı susam yağı
- ½ çay kaşığı koşer tuzu
- Taze çekilmiş karabiber
- 3 yemek kaşığı bitkisel yağ, bölünmüş
- 2 soyulmuş taze zencefil dilimi, her biri çeyrek büyüklüğünde
- 1 kiloluk üzüm veya çeri domates
- 1 çay kaşığı şeker
- Servis için pişmiş pirinç veya erişte

TALİMATLAR:

a) Büyük bir kapta, yumurtaları çırpın. Pirinç şarabı, susam yağı, tuz ve bir tutam karabiber ekleyin ve birleşene kadar çırpmaya devam edin.

b) Wok tavayı orta-yüksek ateşte bir damla su cızırdayana ve temas ettiğinde buharlaşana kadar ısıtın. Wok'un tabanını kaplamak için 2 yemek kaşığı bitkisel yağ dökün ve döndürün. Yumurta karışımını sıcak wok'a çevirin. Pişirmek için yumurtaları çevirin ve sallayın. Yumurtaları henüz pişince ancak kurumadan servis tabağına alın. Sıcak tutmak için folyo ile çadır.

c) Wok'a kalan 1 yemek kaşığı bitkisel yağı ekleyin. Zencefil ve bir tutam tuz ekleyerek yağı baharatlayın. Zencefili hafifçe döndürerek yaklaşık 30 saniye yağda cızırdamaya bırakın.

d) Yağ ile kaplamak için karıştırarak domatesleri ve şekeri atın. Örtün ve ara sıra karıştırarak yaklaşık 5 dakika, domatesler yumuşayana ve suyunu bırakana kadar pişirin. Zencefil dilimlerini atın ve domatesleri tuz ve karabiberle tatlandırın.

e) Domatesleri yumurtaların üzerine koyun ve pişmiş pirinç veya erişte üzerine servis yapın.

56. Karides ve Çırpılmış Yumurta

İÇİNDEKİLER:
- 2 yemek kaşığı koşer tuzu, artı baharat için daha fazlası
- 2 yemek kaşığı şeker
- 2 bardak soğuk su
- 6 ons orta boy karides (U41–50), soyulmuş ve kabuğu çıkarılmış
- 4 büyük yumurta, oda sıcaklığında
- ½ çay kaşığı susam yağı
- Taze çekilmiş karabiber
- 2 yemek kaşığı bitkisel yağ, bölünmüş
- 2 soyulmuş taze zencefil dilimi, her biri çeyrek büyüklüğünde
- 2 diş sarımsak, ince dilimlenmiş
- 1 demet frenk soğanı, ½ inçlik parçalar halinde kesilmiş

TALİMATLAR:
a) Büyük bir kapta, tuz ve şekeri suda eriyene kadar çırpın. Karidesleri tuzlu suya ekleyin. Örtün ve 10 dakika soğutun.

b) Karidesleri bir kevgir içinde boşaltın ve durulayın. Tuzlu suyu atın. Karidesleri kağıt havlu serili fırın tepsisine yayın ve kurulayın.

c) Başka bir büyük kapta, yumurtaları susam yağı ve birer tutam tuz ve karabiberle karışana kadar çırpın. Kenara koyun.

d) Wok tavayı orta-yüksek ateşte bir damla su cızırdayana ve temas ettiğinde buharlaşana kadar ısıtın. Wok tabanını kaplamak için 1 yemek kaşığı bitkisel yağ dökün ve döndürün. Zencefil ve bir tutam tuz ekleyerek yağı baharatlayın. Zencefili hafifçe döndürerek yaklaşık 30 saniye yağda cızırdamaya bırakın.

e) Sarımsağı ekleyin ve yağı tatlandırmak için yaklaşık 10 saniye kısaca karıştırın. Sarımsağın kahverengileşmesine veya yanmasına izin vermeyin. Karidesleri ekleyin ve pembeleşinceye kadar yaklaşık 2 dakika karıştırarak kızartın. Bir tabağa aktarın ve zencefili atın.

f) Wok'u tekrar ısıtın ve kalan 1 yemek kaşığı bitkisel yağı ekleyin. Yağ kızdığında, yumurta karışımını wokta döndürün. Pişirmek için yumurtaları çevirin ve sallayın. Frenk soğanlarını tavaya ekleyin ve yumurtalar pişene ancak kuruyana kadar pişirmeye devam edin. Karidesleri tavaya geri koyun ve birleştirmek için fırlatın. Servis tabağına aktarın.

57. Tuzlu Buharda Yumurta Muhallebi

İÇİNDEKİLER:
- 4 büyük yumurta, oda sıcaklığında
- 1¾ su bardağı düşük sodyumlu tavuk suyu veya filtrelenmiş su
- 2 çay kaşığı Shaoxing pirinç şarabı
- ½ çay kaşığı koşer tuzu
- 2 yeşil soğan, sadece yeşil kısım, ince dilimlenmiş
- 4 çay kaşığı susam yağı

TALİMATLAR:

a) Büyük bir kapta, yumurtaları çırpın. Et suyu ve pirinç şarabını ekleyin ve birleştirmek için çırpın. Hava kabarcıklarını gidermek için yumurta karışımını bir sıvı ölçüm kabının üzerine yerleştirilmiş ince gözenekli bir elekten geçirin. Yumurta karışımını 4 (6 ons) ramekin içine dökün. Bir soyma bıçağıyla, yumurta karışımının yüzeyindeki kabarcıkları patlatın. Kalıpların üzerini alüminyum folyo ile kaplayın.

b) Bambu buharlı pişirici sepetini ve kapağını soğuk su altında durulayın ve wok'a yerleştirin. 2 inç veya buharlı pişiricinin alt kenarının ¼ ila ½ inç üzerine gelene kadar su dökün, ancak sepetin dibine değecek kadar değil. Kaseleri buhar sepetine yerleştirin. Kapakla örtün.

c) Suyu kaynatın, ardından ısıyı düşük kaynama noktasına getirin. Yaklaşık 10 dakika veya yumurtalar yeni ayarlanana kadar kısık ateşte buharlayın.

d) Kapları buharlayıcıdan dikkatlice çıkarın ve her muhallebiyi biraz yeşil soğan ve birkaç damla susam yağı ile süsleyin. Hemen servis yapın.

58. Çin yemeği kızarmış tavuk kanatları

İÇİNDEKİLER:
- 10 bütün tavuk kanadı, yıkanmış ve kurulanmış
- ⅛ çay kaşığı karabiber
- ¼ çay kaşığı beyaz biber
- ¼ çay kaşığı sarımsak tozu
- 1 çay kaşığı tuz
- ½ çay kaşığı şeker
- 1 yemek kaşığı soya sosu
- 1 yemek kaşığı Shaoxing şarabı
- 1 çay kaşığı susam yağı
- 1 yumurta
- 1 yemek kaşığı mısır nişastası
- 2 yemek kaşığı un
- kızartmalık yağ

TALİMATLAR:
a) Tüm malzemeleri (tabii ki kızartma yağı hariç) büyük bir karıştırma kabında birleştirin. Kanatlar iyice kaplanana kadar her şeyi karıştırın.

b) En iyi sonuç için kanatları oda sıcaklığında 2 saat veya gece boyunca buzdolabında bekletin.

c) Marine ettikten sonra kanatlarda sıvı varmış gibi görünüyorsa tekrar iyice karıştırdığınızdan emin olun. Kanatlar, hamur benzeri ince bir kaplama ile iyice kaplanmalıdır. Hala çok sulu görünüyorsa, biraz daha mısır nişastası ve un ekleyin.

d) Orta boy bir tencereyi yaklaşık üçte birine kadar yağla doldurun ve 325 derece F'ye ısıtın.

e) Kanatları küçük parçalar halinde 5 dakika kızartın ve kağıt havlularla kaplı bir tepsiye alın. Tüm kanatlar kızardıktan sonra, partiler halinde yağa geri koyun ve tekrar 3 dakika kızartın.

f) Kağıt havlulara veya bir soğutma rafına boşaltın ve acı sosla servis yapın!

59. Tay fesleğenli tavuk

4 KİŞİLİK

İÇİNDEKİLER:
- 3 ila 4 yemek kaşığı sıvı yağ
- 3 Tay kuşu veya Hollanda biberi
- 3 arpacık soğan, ince dilimlenmiş
- 5 diş sarımsak, dilimlenmiş
- 1 kiloluk öğütülmüş tavuk
- 2 çay kaşığı şeker veya bal
- 2 yemek kaşığı soya sosu
- 1 yemek kaşığı balık sosu
- ⅓ su bardağı düşük sodyumlu tavuk suyu veya su
- 1 demet kutsal fesleğen veya Tay fesleğen yaprağı

TALİMATLAR:

a) Wok tavada sıvı yağ, kırmızı biber, arpacık soğan ve sarımsağı ekleyip 1-2 dakika kavurun.

b) Kıyılmış tavuğu ekleyin ve 2 dakika karıştırarak kızartın, tavuğu küçük parçalara ayırın.

c) Şeker, soya sosu ve balık sosu ekleyin. Bir dakika daha karıştırarak kızartın ve tavayı et suyuyla sırdan arındırın. Tavanız çok yüksek ısıda olduğundan, sıvı çok çabuk pişmelidir.

d) Fesleğen ekleyin ve solana kadar karıştırarak kızartın.

e) Pirinç üzerine servis yapın.

60. Kızarmış domuz yağı

İÇİNDEKİLER:
- 3/4 pound yağsız domuz yağı, derili
- 2 yemek kaşığı yağ
- 1 yemek kaşığı şeker (varsa akide şekeri tercih edilir)
- 3 yemek kaşığı Shaoxing şarabı
- 1 yemek kaşığı normal soya sosu
- ½ yemek kaşığı koyu soya sosu
- 2 su bardağı su

TALİMATLAR:

a) Domuz karnınızı ¾ inç kalınlığında parçalar halinde keserek başlayın.

b) Bir tencereye su kaynatın. Domuz göbeği parçalarını birkaç dakika haşlayın. Bu, safsızlıklardan kurtulur ve pişirme işlemini başlatır. Domuzu tencereden çıkarın, durulayın ve bir kenara koyun.

c) Düşük ateşte, wok'unuza yağ ve şekeri ekleyin. Şekeri hafifçe eritin ve domuz etini ekleyin. Isıyı ortama yükseltin ve domuz eti hafifçe kızarana kadar pişirin.

d) Isıyı tekrar kısın ve Shaoxing yemek şarabı, normal soya sosu, koyu soya sosu ve su ekleyin.

e) Örtün ve domuz eti yumuşayana kadar yaklaşık 45 dakika ila 1 saat pişirin. Her 5-10 dakikada bir, yanmayı önlemek için karıştırın ve çok kuru ise daha fazla su ekleyin.

f) Domuz eti yumuşadığında, hala çok fazla sıvı varsa, wok'u açın, ısıyı yükseltin ve sos parlak bir kaplamaya dönüşene kadar sürekli karıştırın.

61. Domates ve Dana Tavada Kızartma

İÇİNDEKİLER:

- ¾ pound göğüs veya etek biftek, ¼ inç kalınlığında dilimler halinde tahıla göre kesin
- 1½ yemek kaşığı mısır nişastası, bölünmüş
- 1 yemek kaşığı Shaoxing pirinç şarabı
- koşer tuzu
- öğütülmüş beyaz biber
- 1 yemek kaşığı domates salçası
- 2 yemek kaşığı hafif soya sosu
- 1 çay kaşığı susam yağı
- 1 çay kaşığı şeker
- 2 yemek kaşığı su
- 2 yemek kaşığı bitkisel yağ
- Her biri yaklaşık çeyrek büyüklüğünde 4 soyulmuş taze zencefil dilimi
- 1 büyük arpacık, ince dilimlenmiş
- 2 diş sarımsak, ince kıyılmış
- Her biri 6 dilime bölünmüş 5 büyük domates
- 2 yeşil soğan, beyaz ve yeşil kısımları ayrılmış, ince dilimlenmiş

TALİMATLAR:

a) Küçük bir kapta dana etini 1 yemek kaşığı mısır nişastası, pirinç şarabı ve birer tutam tuz ve beyaz biberle karıştırın. 10 dakika kenara koyun.

b) Başka bir küçük kapta kalan ½ yemek kaşığı mısır nişastası, salça, hafif soya, susam yağı, şeker ve suyu karıştırın. Kenara koyun.

c) Wok tavayı orta-yüksek ateşte bir damla su cızırdayana ve temas ettiğinde buharlaşana kadar ısıtın. Wok tavasının tabanını kaplamak için bitkisel yağı dökün ve döndürün. Zencefil ve bir tutam tuz ekleyerek yağı baharatlayın. Zencefili hafifçe döndürerek yaklaşık 30 saniye yağda cızırdamaya bırakın.

d) Sığır eti wok'a aktarın ve pembeleşinceye kadar 3 ila 4 dakika karıştırarak kızartın. Arpacık soğanı ve sarımsağı ekleyin ve 1 dakika karıştırarak kızartın. Domatesleri ve yeşil soğan beyazlarını ekleyip karıştırarak kavurmaya devam edin.

e) Sosu ilave edin ve 1 ila 2 dakika veya sığır eti ve domatesler kaplanana ve sos hafifçe kalınlaşana kadar karıştırarak kızartmaya devam edin.

f) Zencefili atın, bir tabağa aktarın ve yeşil soğan yeşillikleri ile süsleyin. Sıcak servis yapın.

62. Sığır Eti ve Brokoli

İÇİNDEKİLER:

- ¾ pound etek biftek, tahıl boyunca ¼ inç kalınlığında dilimler halinde kesin
- 1 yemek kaşığı kabartma tozu
- 1 yemek kaşığı mısır nişastası
- 4 yemek kaşığı su, bölünmüş
- 2 yemek kaşığı istiridye sosu
- 2 yemek kaşığı Shaoxing pirinç şarabı
- 2 çay kaşığı açık kahverengi şeker
- 1 yemek kaşığı hoisin sosu
- 2 yemek kaşığı bitkisel yağ
- 4 soyulmuş taze zencefil dilimi, yaklaşık çeyrek büyüklüğünde
- koşer tuzu
- 1 kiloluk brokoli, ısırık büyüklüğünde çiçeklere bölünmüş
- 2 diş sarımsak, ince kıyılmış

TALİMATLAR:

a) Küçük bir kapta, kaplamak için sığır eti ve kabartma tozunu karıştırın. 10 dakika kenara koyun. Sığır eti çok iyi durulayın ve ardından kağıt havlularla kurulayın.

b) Başka bir küçük kapta mısır nişastasını 2 yemek kaşığı suyla karıştırın ve istiridye sosu, pirinç şarabı, esmer şeker ve hoisin sosuyla karıştırın. Kenara koyun.

c) Wok tavayı orta-yüksek ateşte bir damla su cızırdayana ve temas ettiğinde buharlaşana kadar ısıtın. Yağı dökün ve wokun tabanını kaplamak için döndürün. Zencefil ve bir tutam tuz ekleyerek yağı baharatlayın. Zencefili hafifçe döndürerek yaklaşık 30 saniye yağda cızırdamaya bırakın. Sığır eti wok'a ekleyin ve pembeleşinceye kadar 3 ila 4 dakika karıştırarak kızartın. Sığır eti bir kaseye aktarın ve bir kenara koyun.

d) Brokoliyi ve sarımsağı ekleyin ve 1 dakika karıştırarak kavurun, ardından kalan 2 yemek kaşığı suyu ekleyin. Wok tavasını kapatın ve brokoliyi çıtır çıtır olana kadar 6 ila 8 dakika buharda pişirin.

e) Sığır eti wok'a geri koyun ve tamamen kaplanana ve sos hafifçe koyulaşana kadar 2 ila 3 dakika sosla karıştırın. Zencefili atın, bir tabağa aktarın ve sıcak servis yapın.

63. Karabiber Dana Tavada Kızartma

İÇİNDEKİLER:

- 1 yemek kaşığı istiridye sosu
- 1 yemek kaşığı Shaoxing pirinç şarabı
- 2 çay kaşığı mısır nişastası
- 2 çay kaşığı hafif soya sosu
- öğütülmüş beyaz biber
- ¼ çay kaşığı şeker
- ¾ pound dana bonfile uçları veya sığır filetosu uçları, 1 inçlik parçalar halinde kesin
- 3 yemek kaşığı bitkisel yağ
- Her biri yaklaşık çeyrek büyüklüğünde 3 soyulmuş taze zencefil dilimi
- koşer tuzu
- 1 adet yeşil dolmalık biber, ½ inç genişliğinde şeritler halinde kesilmiş
- 1 küçük kırmızı soğan, ince şeritler halinde dilimlenmiş
- 1 çay kaşığı taze çekilmiş karabiber veya tatmak için daha fazlası
- 2 çay kaşığı susam yağı

TALİMATLAR:

a) Bir karıştırma kabında istiridye sosu, pirinç şarabı, mısır nişastası, hafif soya, bir tutam beyaz biber ve şekeri karıştırın. Sığır eti kaplayın ve 10 dakika marine edin.

b) Wok tavayı orta-yüksek ateşte bir damla su cızırdayana ve temas ettiğinde buharlaşana kadar ısıtın. Wok tavasının tabanını kaplamak için bitkisel yağı dökün ve döndürün. Zencefil ve bir tutam tuz ekleyin. Zencefili hafifçe döndürerek yaklaşık 30 saniye yağda cızırdamaya bırakın.

c) Maşa kullanarak, sığır etini wok'a aktarın ve kalan turşuyu atın. Wok'a karşı 1 ila 2 dakika veya kahverengi, katılaşmış bir kabuk oluşana kadar kızartın. Sığır eti çevirin ve diğer tarafta 2 dakika daha kızartın. Wok tavasında 1 ila 2 dakika daha karıştırın, fırlatın ve çevirin, ardından sığır etini temiz bir kaseye aktarın.

d) Dolmalık biber ve soğanı ekleyin ve 2 ila 3 dakika veya sebzeler parlak ve yumuşak görünene kadar karıştırarak kızartın. Sığır eti wok'a geri koyun, karabiber ekleyin ve 1 dakika daha karıştırarak kızartın.

e) Zencefili atın, bir tabağa alın ve üzerine susam yağı gezdirin. Sıcak servis yapın.

64. susamlı dana eti

İÇİNDEKİLER:
- 1 yemek kaşığı hafif soya sosu
- 2 yemek kaşığı susam yağı, bölünmüş
- 2 çay kaşığı mısır nişastası, bölünmüş
- ¼ inç kalınlığında şeritler halinde kesilmiş 1 kiloluk askı, etek veya yassı demir biftek
- ½ su bardağı taze sıkılmış portakal suyu
- ½ çay kaşığı pirinç sirkesi
- 1 çay kaşığı sriracha (isteğe bağlı)
- 1 çay kaşığı açık kahverengi şeker
- koşer tuzu
- Taze çekilmiş karabiber
- 3 yemek kaşığı bitkisel yağ, bölünmüş
- Her biri yaklaşık çeyrek büyüklüğünde 4 soyulmuş taze zencefil dilimi
- 1 küçük sarı soğan, ince dilimlenmiş
- 3 diş sarımsak, kıyılmış
- Süslemek için ½ yemek kaşığı beyaz susam

TALİMATLAR:

a) Büyük bir kapta hafif soya, 1 yemek kaşığı susam yağı ve 1 çay kaşığı mısır nişastasını mısır nişastası eriyene kadar karıştırın. Sığır eti ekleyin ve marine ile kaplayın. Sosu hazırlarken 10 dakika marine olması için bir kenara bırakın.

b) Bir cam ölçü kabında portakal suyunu, kalan 1 çorba kaşığı susam yağını, pirinç sirkesini, sriracha (kullanılıyorsa), esmer şekeri, kalan 1 çay kaşığı mısır nişastasını ve birer tutam tuz ve karabiberi karıştırın. Mısır nişastası eriyene kadar karıştırın ve bir kenara koyun.

c) Wok tavayı orta-yüksek ateşte bir damla su cızırdayana ve temas ettiğinde buharlaşana kadar ısıtın. Wok'un tabanını kaplamak için 2 yemek kaşığı bitkisel yağ dökün ve döndürün. Zencefil ve bir tutam tuz ekleyerek yağı baharatlayın. Zencefili hafifçe döndürerek yaklaşık 30 saniye yağda cızırdamaya bırakın.

d) Maşa kullanarak, sığır etini wok'a aktarın ve turşuyu atın. Parçaları wok'ta 2 ila 3 dakika kavurun. Diğer tarafta 1 ila 2 dakika daha kızartmak için çevirin. 1 dakika daha wok tavada hızlıca çevirerek ve karıştırarak kızartın. Temiz bir kaseye aktarın.

e) Kalan 1 çorba kaşığı bitkisel yağı ekleyin ve soğanı atın. Soğan yarı saydam görünene ancak yine de sağlam bir dokuya sahip olana kadar 2 ila 3 dakika boyunca bir wok spatula ile soğanı fırlatıp çevirerek hızlıca karıştırın. Sarımsak ekleyin ve 30 saniye daha karıştırın.

f) Sosu çevirin ve sos koyulaşmaya başlayana kadar pişirmeye devam edin. Sığır eti ve soğan sosla kaplanacak şekilde fırlatıp çevirerek sığır etini wok'a geri koyun. Tuz ve karabiberle tatlandırın.

g) Bir tabağa aktarın, zencefili atın, susam serpin ve sıcak servis yapın.

65. Moğol Bifteği

İÇİNDEKİLER:

- 2 yemek kaşığı Shaoxing pirinç şarabı
- 1 yemek kaşığı koyu soya sosu
- 1 yemek kaşığı mısır nişastası, bölünmüş
- ¾ pound göğüs biftek, taneye karşı ¼ inç kalınlığında dilimler halinde kesin
- ¼ bardak düşük sodyumlu tavuk suyu
- 1 yemek kaşığı açık kahverengi şeker
- 1 su bardağı bitkisel yağ
- 4 veya 5 bütün kurutulmuş kırmızı Çin biberi
- 4 diş sarımsak, iri kıyılmış
- 1 çay kaşığı soyulmuş ince kıyılmış taze zencefil
- ½ sarı soğan, ince dilimlenmiş
- 2 yemek kaşığı iri kıyılmış taze kişniş

TALİMATLAR:

a) Bir karıştırma kabında pirinç şarabı, koyu soya ve 1 yemek kaşığı mısır nişastasını karıştırın. Dilimlenmiş göğüs bifteğini ekleyin ve kaplayın. Bir kenara koyun ve 10 dakika marine edin.

b) Yağı bir wok içine dökün ve orta-yüksek ateşte 375°F'ye getirin. Bir tahta kaşığın ucunu yağa batırdığınızda yağın doğru sıcaklıkta olduğunu anlayabilirsiniz. Yağ etrafında kabarcıklar ve cızırtılar varsa, yağ hazırdır.

c) Sığır eti turşudan çıkarın, turşuyu ayırın. Sığır eti yağa ekleyin ve altın bir kabuk oluşana kadar 2 ila 3 dakika kızartın. Bir wok skimmer kullanarak, sığır etini temiz bir kaseye aktarın ve bir kenara koyun. Tavuk suyu ve esmer şekeri marine kasesine ekleyin ve birleştirmek için karıştırın.

d) Woktan 1 çorba kaşığı yağ hariç hepsini dökün ve orta-yüksek ateşte ayarlayın. Acı biber, sarımsak ve zencefili ekleyin. Aromatiklerin hafifçe dönerek yaklaşık 10 saniye yağda cızırdamasına izin verin.

e) Soğanı ekleyin ve 1 ila 2 dakika ya da soğan yumuşak ve yarı saydam olana kadar karıştırın. Tavuk suyu karışımını ekleyin ve birleştirmek için fırlatın. Yaklaşık 2 dakika pişirin, ardından sığır etini ekleyin ve her şeyi 30 saniye daha karıştırın.

f) Bir tabağa aktarın, kişniş ile süsleyin ve sıcak servis yapın.

66. Kereviz ve Havuçlu Sichuan Sığır Eti

İÇİNDEKİLER:

- 2 yemek kaşığı Shaoxing pirinç şarabı
- 1 yemek kaşığı koyu soya sosu
- 2 çay kaşığı susam yağı
- ¾ libre göğüs veya etek biftek, taneye karşı kesilmiş
- 1 yemek kaşığı hoisin sosu
- 2 çay kaşığı hafif soya sosu
- 2 yemek kaşığı mısır nişastası, bölünmüş
- ¼ çay kaşığı Çin beş baharat tozu
- 1 çay kaşığı Sichuan biberi, ezilmiş
- 4 adet soyulmuş taze zencefil dilimi
- 3 diş sarımsak, hafifçe ezilmiş
- 3 inçlik şeritler halinde kesilmiş 2 kereviz sapı
- 1 büyük havuç, soyulmuş ve 3 inçlik şeritler halinde julienned
- 2 taze soğan, ince dilimlenmiş

TALİMATLAR:

a) Bir karıştırma kabında pirinç şarabı, koyu soya ve susam yağını karıştırın.

b) Sığır eti ekleyin ve birleştirmek için fırlatın. 10 dakika kenara koyun.

c) Küçük bir kasede kuru üzüm sosu, hafif soya, su, 1 yemek kaşığı mısır nişastası ve beş baharat tozunu birleştirin. Kenara koyun.

d) Wok tavayı orta-yüksek ateşte bir damla su cızırdayana ve temas ettiğinde buharlaşana kadar ısıtın. Wok tavasının tabanını kaplamak için bitkisel yağı dökün ve döndürün. Karabiber, zencefil ve sarımsak ekleyerek yağı baharatlayın. Aromatiklerin hafifçe dönerek yaklaşık 10 saniye yağda cızırdamasına izin verin.

e) Sığır etini kalan 1 çorba kaşığı mısır nişastasıyla kaplayın ve wok'a ekleyin. Sığır eti wok'un kenarına karşı 1 ila 2 dakika veya altın-kahverengi katılaşmış bir kabuk oluşana kadar kızartın. Diğer tarafta bir dakika daha çevirin ve kızartın. Sığır eti artık pembeleşene kadar yaklaşık 2 dakika daha fırlatıp çevirin.

f) Sığır eti wok'un kenarlarına taşıyın ve kereviz ve havucu merkeze ekleyin. Sebzeler yumuşayana kadar 2 ila 3 dakika daha karıştırın, fırlatın ve çevirin. Hoisin sosu karışımını karıştırın ve wok tavaya dökün. Sos koyulaşana ve parlaklaşana kadar 1 ila 2 dakika boyunca dana eti ve sebzeleri sosla kaplayarak karıştırarak kızartmaya devam edin. Zencefili ve sarımsağı çıkarın ve atın.

67. Hoisin Dana Marul Kapları

İÇİNDEKİLER:

- ¾ pound kıyma
- 2 çay kaşığı mısır nişastası
- koşer tuzu
- Taze çekilmiş karabiber
- 3 yemek kaşığı bitkisel yağ, bölünmüş
- 1 yemek kaşığı soyulmuş ince kıyılmış zencefil
- 2 diş sarımsak, ince kıyılmış
- 1 havuç, soyulmuş ve jülyen doğranmış
- 1 (4 ons) kestane kestanesi, süzülmüş ve durulanmış olabilir
- 2 yemek kaşığı hoisin sosu
- 3 yeşil soğan, beyaz ve yeşil kısımları ayrılmış, ince dilimlenmiş
- 8 geniş buzdağı (veya Bibb) marul yaprağı, düzgün yuvarlak kaplara kesilmiş

TALİMATLAR:

a) Bir kasede, sığır etini mısır nişastası ve birer tutam tuz ve karabiber serpin. Birleştirmek için iyice karıştırın.

b) Bir su damlası cızırdayana ve temas ettiğinde buharlaşana kadar bir wok'u orta-yüksek ateşte ısıtın. Wok tabanını kaplamak için 2 yemek kaşığı yağ dökün ve döndürün. Sığır eti ve kahverengiyi her iki tarafa ekleyin, ardından fırlatıp çevirin, sığır eti artık pembe olmayana kadar 3 ila 4 dakika boyunca parçalara ve kümelere ayırın. Sığır eti temiz bir kaseye aktarın ve bir kenara koyun.

c) Wok tavasını silerek temizleyin ve tekrar orta ateşe getirin. Kalan 1 çorba kaşığı yağı ekleyin ve zencefil ve sarımsağı bir tutam tuzla hızlıca karıştırarak kızartın. Sarımsağın kokusu çıkınca havucu ve kestaneleri 2-3 dakika havuç yumuşayana kadar ekleyin. Isıyı ortama indirin, sığır etini wok'a geri koyun ve hoisin sosu ve yeşil soğan beyazları ile karıştırın. Birleştirmek için atın, yaklaşık 45 saniye daha.

d) Marul yapraklarını tabak başına 2 tane olacak şekilde yayın ve sığır eti karışımını marul yaprakları arasında eşit olarak bölün. Taze soğan yeşillikleri ile süsleyin ve yumuşak bir taco gibi yiyin.

68. Soğanlı Kızarmış Domuz Pirzolası

İÇİNDEKİLER:
- 4 kemiksiz domuz fileto pirzola
- 1 yemek kaşığı Shaoxing şarabı
- ½ çay kaşığı taze çekilmiş karabiber
- koşer tuzu
- 3 su bardağı bitkisel yağ
- 2 yemek kaşığı mısır nişastası
- Her biri yaklaşık çeyrek büyüklüğünde 3 soyulmuş taze zencefil dilimi
- 1 orta boy sarı soğan, ince dilimlenmiş
- 2 diş sarımsak, ince kıyılmış
- 2 yemek kaşığı hafif soya sosu
- 1 çay kaşığı koyu soya sosu
- ½ çay kaşığı kırmızı şarap sirkesi
- Şeker

TALİMATLAR:

a) Domuz pirzolalarını ½ inç kalınlığa gelene kadar bir et çekiçle dövün. Bir kaseye koyun ve pirinç şarabı, karabiber ve küçük bir tutam tuzla tatlandırın. 10 dakika marine edin.

b) Yağı wok'a dökün; yağ yaklaşık 1 ila 1½ inç derinliğinde olmalıdır. Yağı orta-yüksek ateşte 375 ° F'ye getirin. Bir tahta kaşığın ucunu yağa batırdığınızda yağın doğru sıcaklıkta olduğunu anlayabilirsiniz. Yağ etrafında kabarcıklar ve cızırtılar varsa, yağ hazırdır.

c) 2 parti halinde çalışarak pirzolaları mısır nişastasıyla kaplayın. Yavaşça birer birer yağa indirin ve altın rengi olana kadar 5 ila 6 dakika kızartın. Kağıt havlu kaplı bir plakaya aktarın.

d) Woktan 1 çorba kaşığı yağ hariç hepsini dökün ve orta-yüksek ateşte ayarlayın. Zencefil ve bir tutam tuz ekleyerek yağı baharatlayın. Zencefili hafifçe döndürerek yaklaşık 30 saniye yağda cızırdamaya bırakın.

e) Soğanı yarı saydam ve yumuşak olana kadar yaklaşık 4 dakika karıştırarak kızartın. Sarımsağı ekleyin ve 30 saniye daha veya kokulu olana kadar karıştırın. Domuz pirzolası ile tabağa aktarın.

f) Wok'a hafif soya, koyu soya, kırmızı şarap sirkesi ve bir tutam şeker dökün ve birleştirmek için karıştırın. Bir kaynamaya getirin ve soğanı ve domuz pirzolasını wok'a geri koyun. Sos hafifçe koyulaşmaya başladığında birleştirmek için fırlatın. Zencefili çıkarın ve atın. Bir tabağa aktarın ve hemen servis yapın.

69. Bok Choy ile Beş Baharatlı Domuz Eti

İÇİNDEKİLER:

- 1 yemek kaşığı hafif soya sosu
- 1 yemek kaşığı Shaoxing pirinç şarabı
- 1 çay kaşığı Çin beş baharat tozu
- 1 çay kaşığı mısır nişastası
- ½ çay kaşığı açık kahverengi şeker
- ¾ kiloluk domuz eti
- 2 yemek kaşığı bitkisel yağ
- 2 diş sarımsak, soyulmuş ve hafifçe ezilmiş
- koşer tuzu
- 2 ila 3 kafa Çin lahanası, çaprazlamasına lokma büyüklüğünde parçalar halinde kesin
- 1 havuç, soyulmuş ve jülyen doğranmış
- Pişmiş pirinç, servis için

TALİMATLAR:

a) Bir karıştırma kabında hafif soya, pirinç şarabı, beş baharat tozu, mısır nişastası ve esmer şekeri karıştırın. Domuz eti ekleyin ve birleştirmek için hafifçe karıştırın. 10 dakika marine olması için kenara alın.

b) Wok tavayı orta-yüksek ateşte bir damla su cızırdayana ve temas ettiğinde buharlaşana kadar ısıtın. Yağı dökün ve wokun tabanını kaplamak için döndürün. Sarımsak ve bir tutam tuz ekleyerek yağı baharatlayın. Sarımsağı hafifçe döndürerek yaklaşık 10 saniye yağda cızırdamaya bırakın.

c) Wok'a domuz eti ekleyin ve wok'un duvarlarında 1 ila 2 dakika veya altın bir kabuk oluşana kadar kavurmaya bırakın. Diğer tarafta bir dakika daha çevirin ve kızartın. Domuz etini 1 ila 2 dakika daha karıştırarak kızartmak için fırlatıp çevirin, artık pembe olmayana kadar ufalanıp topaklara ayırın.

d) Bok choy ve havucu ekleyin ve domuz eti ile birleştirmek için fırlatın ve çevirin. Havuç ve Çin lahanası yumuşayana kadar 2 ila 3 dakika karıştırarak kızartmaya devam edin. Bir tabağa aktarın ve buharda pişirilmiş pirinçle sıcak servis yapın.

70. Hoisin Domuz Tavada Kızartma

İÇİNDEKİLER:

- 2 çay kaşığı Shaoxing pirinç şarabı
- 2 çay kaşığı hafif soya sosu
- ½ çay kaşığı biber salçası
- ¾ pound kemiksiz domuz filetosu, jülyen şeritler halinde ince dilimlenmiş
- 2 yemek kaşığı bitkisel yağ
- Her biri yaklaşık çeyrek büyüklüğünde 4 soyulmuş taze zencefil dilimi
- koşer tuzu
- 4 ons kar bezelyesi, çapraz olarak ince dilimlenmiş
- 2 yemek kaşığı hoisin sosu
- 1 yemek kaşığı su

TALİMATLAR:

a) Bir kapta pirinç şarabı, hafif soya ve biber salçasını karıştırın. Domuzu ekleyin ve kaplamak için fırlatın. 10 dakika marine olması için kenara alın.

b) Wok tavayı orta-yüksek ateşte bir damla su cızırdayana ve temas ettiğinde buharlaşana kadar ısıtın. Yağı dökün ve wokun tabanını kaplamak için döndürün. Zencefil ve bir tutam tuz ekleyerek yağı baharatlayın. Zencefili hafifçe döndürerek yaklaşık 30 saniye yağda cızırdamaya bırakın.

c) Domuz etini ekleyin ve marine edin ve 2 ila 3 dakika pembeleşinceye kadar karıştırarak kızartın. Kar bezelye ekleyin ve yumuşayana ve yarı saydam olana kadar yaklaşık 1 dakika karıştırarak kızartın. Sosu gevşetmek için kuru üzüm sosu ve suyu karıştırın. 30 saniye boyunca veya sos tamamen ısıtılana ve domuz eti ve bezelye kaplanana kadar fırlatıp çevirmeye devam edin.

d) Bir tabağa aktarın ve sıcak servis yapın.

71. İki Kez Pişmiş Domuz Göbeği

İÇİNDEKİLER:

- 1 kiloluk kemiksiz domuz yağı
- ⅓ fincan Siyah Fasulye Sosu veya mağazadan satın alınan siyah fasulye sosu
- 1 yemek kaşığı Shaoxing pirinç şarabı
- 1 çay kaşığı koyu soya sosu
- ½ çay kaşığı şeker
- 2 yemek kaşığı bitkisel yağ, bölünmüş
- 4 adet soyulmuş taze zencefil dilimi
- koşer tuzu
- 1 pırasa, boyuna ikiye bölünmüş ve çapraz olarak kesilmiş
- ½ kırmızı dolmalık biber, dilimlenmiş

TALİMATLAR:

a) Büyük bir tencereye domuz eti koyun ve suyla kaplayın. Tavayı kaynatın ve ardından kaynama noktasına getirin. 30 dakika boyunca veya domuz eti yumuşayana ve tamamen pişene kadar kapağı açık olarak pişirin. Oluklu bir kaşık kullanarak domuz etini bir kaseye aktarın (pişirme sıvısını atın) ve soğumaya bırakın.

b) Birkaç saat veya bir gece buzdolabında bekletin. Domuz eti soğuduktan sonra, ince bir şekilde ¼ inç kalınlığında dilimler halinde dilimleyin ve bir kenara koyun. Dilimlemeden önce domuzun tamamen soğumasına izin vermek, ince dilimlemeyi kolaylaştıracaktır.

c) Bir cam ölçü kabında siyah fasulye sosu, pirinç şarabı, koyu soya ve şekeri karıştırın ve bir kenara koyun.

d) Wok tavayı orta-yüksek ateşte bir damla su cızırdayana ve temas ettiğinde buharlaşana kadar ısıtın. Wok tabanını kaplamak için 1 yemek kaşığı yağ dökün ve döndürün. Zencefil ve bir tutam tuz ekleyerek yağı baharatlayın. Zencefili hafifçe döndürerek yaklaşık 30 saniye yağda cızırdamaya bırakın.

e) Partiler halinde çalışarak domuzun yarısını wok'a aktarın. Parçaları wok'ta 2 ila 3 dakika kavurun. Domuz kıvrılmaya başlayana kadar diğer tarafta 1 ila 2 dakika daha kızartmak için çevirin. Temiz bir kaseye aktarın. Kalan domuz eti ile tekrarlayın.

f) Kalan 1 yemek kaşığı yağı ekleyin. Pırasayı ve kırmızı biberi ekleyip pırasa yumuşayana kadar 1 dakika karıştırarak kavurun. Sosun içine atın ve kokusu çıkana kadar karıştırarak pişirin. Domuzu tavaya geri koyun ve her şey tamamen pişene kadar 2 ila 3 dakika daha karıştırarak kızartmaya devam edin. Zencefil dilimlerini atın ve servis tabağına aktarın.

72. Tavada Krep ile Mu Shu Domuz Eti

İÇİNDEKİLER:
Krep için
- 1¾ su bardağı çok amaçlı un
- ¾ bardak kaynar su
- koşer tuzu
- 3 yemek kaşığı susam yağı

Mu Shu domuz eti için
- 2 yemek kaşığı hafif soya sosu
- 1 çay kaşığı mısır nişastası
- 1 çay kaşığı Shaoxing pirinç şarabı
- öğütülmüş beyaz biber
- ¾ pound kemiksiz domuz filetosu, tahıla karşı dilimlenmiş
- 3 yemek kaşığı bitkisel yağ
- 2 çay kaşığı soyulmuş ince kıyılmış taze zencefil
- 1 büyük havuç, soyulmuş ve 3 inç uzunluğa kadar ince bir şekilde julienned
- Jülyen şeritler halinde dilimlenmiş 6 ila 8 taze ahşap kulak mantarı
- ½ küçük baş yeşil lahana, kıyılmış
- ½ inç uzunluğunda kesilmiş 2 yeşil soğan
- 1 (4 ons) bambu sürgünlerini dilimleyebilir, süzebilir ve julienned
- Servis için ¼ su bardağı Erik Sosu

TALİMATLAR:
Krep yapmak için

a) Büyük bir karıştırma kabında tahta kaşık kullanarak unu, kaynar suyu ve bir tutam tuzu karıştırın. Hepsini cıvık bir hamur olana kadar yoğurun. Hamuru unlanmış bir kesme tahtasına aktarın ve yaklaşık 4 dakika veya pürüzsüz olana kadar elle yoğurun. Hamur sıcak olacağından ellerinizi korumak için tek kullanımlık eldivenler giyin. Hamuru kaseye geri koyun ve plastik örtü ile örtün. 30 dakika dinlenmeye bırakın.

b) Hamuru elinizle yuvarlayarak 12 inç uzunluğunda bir kütük haline getirin. Kütüğü 12 eşit parçaya kesin, madalyonlar oluşturmak için yuvarlak şekli koruyun. Madalyonları avuç içlerinizle düzleştirin ve üstlerine susam yağı sürün. Yağlanmış tarafları birbirine bastırarak 6 çift katlı hamur parçası yığını oluşturun.

c) Her yığını 7 ila 8 inç çapında ince, yuvarlak bir tabaka halinde yuvarlayın. Her iki taraf için de eşit bir incelik elde etmek için, yuvarlarken gözlemeyi ters çevirmeye devam etmek en iyisidir.

d) Bir dökme demir tavayı orta-yüksek ateşte ısıtın ve krepleri birer birer, ilk tarafta yaklaşık 1 dakika hafifçe yarı saydam hale gelene ve kabarmaya başlayana kadar pişirin. Diğer tarafı 30 saniye daha pişirmek için çevirin. Pankeki mutfak havlusu serili bir tabağa alın ve iki pankeki dikkatlice ayırın.

Mu Shu domuz eti yapmak için

e) Bir karıştırma kabında hafif soya, mısır nişastası, pirinç şarabı ve bir tutam beyaz biberi karıştırın. Dilimlenmiş domuz eti ekleyin ve kaplayın ve 10 dakika marine edin.

f) Wok tavayı orta-yüksek ateşte bir damla su cızırdayana ve temas ettiğinde buharlaşana kadar ısıtın. Wok tavasının tabanını kaplamak için bitkisel yağı dökün ve döndürün. Zencefil ve bir tutam tuz ekleyerek yağı baharatlayın. Zencefili hafifçe döndürerek yaklaşık 10 saniye yağda cızırdamaya bırakın.

g) Domuz eti ekleyin ve artık pembeleşene kadar 1 ila 2 dakika karıştırın. Havuç ve mantarları ekleyin ve 2 dakika daha veya havuç yumuşayana kadar karıştırarak kızartmaya devam edin. Lahana, yeşil soğan ve bambu filizlerini ekleyin ve bir dakika daha veya iyice ısınana kadar karıştırın. Bir kaseye aktarın ve gözleme ortasına domuz dolgusunu kaşıkla ve erik sosuyla süsleyerek servis yapın.

73. Siyah Fasulye Soslu Domuz Kaburga

İÇİNDEKİLER:

- 1 kiloluk domuz kaburga, 1½ inç genişliğinde şeritler halinde çapraz kesilmiş
- ¼ çay kaşığı öğütülmüş beyaz biber
- 2 yemek kaşığı Siyah Fasulye Sosu veya mağazadan alınmış siyah fasulye sosu
- 1 yemek kaşığı Shaoxing pirinç şarabı
- 1 yemek kaşığı bitkisel yağ
- 2 çay kaşığı mısır nişastası
- ½ inç taze zencefil parçası, soyulmuş ve ince kıyılmış
- 2 diş sarımsak, ince kıyılmış
- 1 çay kaşığı susam yağı
- 2 taze soğan, ince dilimlenmiş

TALİMATLAR:

a) Kaburgaları ısırık büyüklüğünde nervürlere ayırmak için aralarında dilimleyin. Sığ, ısıya dayanıklı bir kapta kaburgaları ve beyaz biberi birleştirin. Siyah fasulye sosu, pirinç şarabı, bitkisel yağ, mısır nişastası, zencefil ve sarımsağı ekleyin ve kaburgaların tamamen kaplandığından emin olarak birleştirmek için fırlatın. 10 dakika marine edin.

b) Bambu buharlı pişirici sepetini ve kapağını soğuk su altında durulayın ve wok'a yerleştirin. 2 inç veya buharlı pişiricinin alt kenarının yaklaşık ¼ ila ½ inç üzerine gelene kadar su dökün, ancak sepetin dibine değecek kadar değil. Kaseyi kaburgalarla birlikte buhar sepetine yerleştirin ve üzerini kapatın.

c) Suyu kaynatmak için ısıyı yükseğe çevirin, ardından ısıyı orta-yüksek seviyeye indirin. Orta-yüksek ateşte 20 ila 22 dakika veya kaburgalar artık pembe olmayana kadar buharlayın. Suyu tekrar doldurmanız gerekebilir, bu nedenle wok'ta kurumadan kaynamadığından emin olmak için kontrol etmeye devam edin.

d) Kaseyi buhar sepetinden dikkatlice çıkarın. Kaburgaları susam yağı ile gezdirin ve yeşil soğan ile süsleyin. Hemen servis yapın.

74. Tavada Kızarmış Moğol Kuzu

İÇİNDEKİLER:

- 2 yemek kaşığı Shaoxing pirinç şarabı
- 1 yemek kaşığı koyu soya sosu
- 3 diş sarımsak, kıyılmış
- 2 çay kaşığı mısır nişastası
- 1 çay kaşığı susam yağı
- ¼ inç kalınlığında dilimler halinde kesilmiş 1 kiloluk kemiksiz kuzu budu
- 3 yemek kaşığı bitkisel yağ, bölünmüş
- Her biri yaklaşık çeyrek büyüklüğünde 4 soyulmuş taze zencefil dilimi
- 2 bütün kurutulmuş kırmızı biber (isteğe bağlı)
- koşer tuzu
- 4 yeşil soğan, 3 inç uzunluğunda parçalar halinde kesin, ardından uzunlamasına ince dilimleyin

TALİMATLAR:

a) Büyük bir kapta pirinç şarabı, koyu soya, sarımsak, mısır nişastası ve susam yağını karıştırın. Kuzu turşusuna ekleyin ve kaplamak için atın. 10 dakika marine edin.

b) Wok tavayı orta-yüksek ateşte bir damla su cızırdayana ve temas ettiğinde buharlaşana kadar ısıtın. Wok'un tabanını kaplamak için 2 yemek kaşığı bitkisel yağ dökün ve döndürün. Zencefil, acı biber (kullanılıyorsa) ve bir tutam tuz ekleyerek yağı baharatlayın. Aromatiklerin hafifçe dönerek yaklaşık 30 saniye yağda cızırdamasına izin verin.

c) Maşa kullanarak kuzunun yarısını turşunun içinden alın ve fazlalığın akması için hafifçe sallayın. Turşuyu ayırın. Wok'ta 2 ila 3 dakika kızartın. Diğer tarafta 1 ila 2 dakika daha kızartmak için çevirin. 1 dakika daha wok tavada hızlıca çevirerek ve karıştırarak kızartın. Temiz bir kaseye aktarın. Kalan 1 yemek kaşığı bitkisel yağı ekleyin ve kalan kuzu eti ile tekrarlayın.

d) Tüm kuzu eti ve ayrılmış turşuyu wok'a geri koyun ve yeşil soğanları atın. 1 dakika daha veya kuzu tamamen pişene ve turşusu parlak bir sos haline gelene kadar karıştırın.

e) Servis tabağına aktarın, zencefili atın ve sıcak servis yapın.

75. Kimyon Baharatlı Kuzu

İÇİNDEKİLER:
- ¾ pound kemiksiz kuzu budu, 1 inçlik parçalar halinde kesin
- 1 yemek kaşığı hafif soya sosu
- 1 yemek kaşığı Shaoxing pirinç şarabı
- koşer tuzu
- 2 yemek kaşığı öğütülmüş kimyon
- 1 çay kaşığı Sichuan biberi, ezilmiş
- ½ çay kaşığı şeker
- 3 yemek kaşığı bitkisel yağ, bölünmüş
- Her biri yaklaşık çeyrek büyüklüğünde 4 soyulmuş taze zencefil dilimi
- 2 yemek kaşığı mısır nişastası
- ½ sarı soğan, uzunlamasına şeritler halinde dilimlenmiş
- 6 ila 8 bütün kurutulmuş Çin biberi (isteğe bağlı)
- 4 diş sarımsak, ince dilimlenmiş
- ½ demet taze kişniş, iri kıyılmış

TALİMATLAR:

a) Bir karıştırma kabında kuzu eti, hafif soya, pirinç şarabı ve küçük bir tutam tuzu birleştirin. Kaplamak için atın ve 15 dakika veya gece boyunca buzdolabında marine edin.

b) Başka bir kapta kimyon, Sichuan karabiberleri ve şekeri karıştırın. Kenara koyun.

c) Wok tavayı orta-yüksek ateşte bir damla su cızırdayana ve temas ettiğinde buharlaşana kadar ısıtın. Wok tabanını kaplamak için 2 yemek kaşığı yağ dökün ve döndürün. Zencefil ve bir tutam tuz ekleyerek yağı baharatlayın. Zencefili hafifçe döndürerek yaklaşık 30 saniye yağda cızırdamaya bırakın.

d) Kuzu parçalarını mısır nişastasıyla atın ve sıcak wok'a ekleyin. Kuzu her bir tarafını 2 ila 3 dakika kızartın ve ardından 1 veya 2 dakika daha karıştırın, wok'un etrafında savurup çevirin. Kuzu temiz bir kaseye aktarın ve bir kenara koyun.

e) Wok'u kaplamak için kalan 1 çorba kaşığı yağı ekleyin ve karıştırın. Soğanı ve acı biberleri (kullanılıyorsa) atın ve 3 ila 4 dakika veya soğan parlak görünene ancak topallamaya başlayana kadar karıştırarak kızartın. Küçük bir tutam tuzla hafifçe baharatlayın. Sarımsak ve baharat karışımını ekleyin ve bir dakika daha karıştırarak kızartmaya devam edin.

f) Kuzuyu wok'a geri koyun ve 1 ila 2 dakika daha birleştirmek için fırlatın. Bir tabağa aktarın, zencefili atın ve kişniş ile süsleyin.

76. Zencefilli ve Pırasalı Kuzu

İÇİNDEKİLER:

- ¾ kiloluk kemiksiz kuzu budu, 3 parçaya bölün, ardından tahıl boyunca ince dilimlenmiş
- koşer tuzu
- 2 yemek kaşığı Shaoxing pirinç şarabı
- 1 yemek kaşığı koyu soya sosu
- 1 yemek kaşığı hafif soya sosu
- 1 çay kaşığı istiridye sosu
- 1 çay kaşığı bal
- 1 ila 2 çay kaşığı susam yağı
- ½ çay kaşığı öğütülmüş Sichuan biber mısırları
- 2 çay kaşığı mısır nişastası
- 2 yemek kaşığı bitkisel yağ
- 1 yemek kaşığı soyulmuş ve ince kıyılmış taze zencefil
- 2 pırasa, ayıklanmış ve ince dilimlenmiş
- 4 diş sarımsak, ince kıyılmış

TALİMATLAR:

a) Bir karıştırma kabında, kuzuyu 1 ila 2 tutam tuzla hafifçe baharatlayın. Kaplamak için atın ve 10 dakika bekletin. Küçük bir kapta pirinç şarabı, koyu soya, hafif soya, istiridye sosu, bal, susam yağı, Sichuan biberi ve mısır nişastasını karıştırın. Kenara koyun.

b) Wok tavayı orta-yüksek ateşte bir damla su cızırdayana ve temas ettiğinde buharlaşana kadar ısıtın. Wok tavasının tabanını kaplamak için bitkisel yağı dökün ve döndürün. Zencefil ve bir tutam tuz ekleyerek yağı baharatlayın. Zencefili hafifçe döndürerek yaklaşık 10 saniye yağda cızırdamaya bırakın.

c) Kuzu ekleyin ve 1 ila 2 dakika kavurun, ardından 2 dakika daha veya artık pembeleşene kadar karıştırarak kızartmaya, fırlatmaya ve çevirmeye başlayın. Temiz bir kaseye aktarın ve kenara koyun.

d) Pırasayı ve sarımsağı ekleyin ve 1 ila 2 dakika veya pırasa parlak yeşil ve yumuşak olana kadar karıştırın. Kuzu kasesine aktarın.

e) Sos karışımını dökün ve sos yarı yarıya azalıp parlaklaşana kadar 3 ila 4 dakika pişirin. Kuzu ve sebzeleri wok'a geri koyun ve sosla birleştirmek için fırlatın.

f) Bir tabağa aktarın ve sıcak servis yapın.

77. Tay fesleğen sığır eti

İÇİNDEKİLER:

- 2 yemek kaşığı yağ
- Tahıllara karşı ince dilimlenmiş 12 ons sığır eti
- 5 diş sarımsak, doğranmış
- ½ adet kırmızı dolmalık biber, ince dilimlenmiş
- 1 küçük soğan, ince dilimlenmiş
- 2 çay kaşığı soya sosu
- 1 çay kaşığı koyu soya sosu
- 1 çay kaşığı istiridye sosu
- 1 yemek kaşığı balık sosu
- ½ çay kaşığı şeker
- 1 su bardağı Tay fesleğen yaprağı, paketlenmiş
- Süslemek için kişniş

TALİMATLAR:

a) Wok'unuzu yüksek ateşte ısıtın ve yağı ekleyin. Sığır eti sadece kızarana kadar kızartın. Wok'tan çıkarın ve bir kenara koyun.

b) Wok'a sarımsak ve kırmızı biber ekleyin ve yaklaşık 20 saniye karıştırarak kızartın.

c) Soğanları ekleyin ve kızarana ve hafifçe karamelleşene kadar karıştırarak kızartın.

d) Sığır eti, soya sosu, koyu soya sosu, istiridye sosu, balık sosu ve şekerle birlikte tekrar atın.

e) Birkaç saniye daha karıştırın ve ardından Tay fesleğenini tamamen solana kadar katlayın.

f) Yasemin pirinci ile servis yapın ve kişniş ile süsleyin.

78. Çin Barbekü domuz eti

8 SERVİS

İÇİNDEKİLER:
- 3 libre (1,4 kg) domuz omzu/domuz kıçı (üzerinde biraz iyi yağ bulunan bir parça seçin)
- ¼ su bardağı (50 gr) şeker
- 2 çay kaşığı tuz
- ½ çay kaşığı beş baharat tozu
- ¼ çay kaşığı beyaz biber
- ½ çay kaşığı susam yağı
- 1 yemek kaşığı Shaoxing şarabı veya
- Çin erik şarabı
- 1 yemek kaşığı soya sosu
- 1 yemek kaşığı hoisin sosu
- 2 çay kaşığı pekmez
- 3 diş ince kıyılmış sarımsak
- 2 yemek kaşığı maltoz veya bal
- 1 yemek kaşığı sıcak su

TALİMATLAR:

a) Domuzu yaklaşık 3 inç kalınlığında uzun şeritler veya parçalar halinde kesin. İşlenip lezzet katacağı için fazla yağı kesmeyin.

b) Marine için şeker, tuz, beş baharat tozu, beyaz biber, susam yağı, şarap, soya sosu, hoisin sosu, pekmez, gıda boyası (kullanılıyorsa) ve sarımsağı bir kasede birleştirin.

c) Yaklaşık 2 yemek kaşığı turşuyu ayırın ve bir kenara koyun. Büyük bir kapta veya fırın tepsisinde domuz etini kalan turşuyla ovalayın. Gece boyunca veya en az 8 saat örtün ve soğutun. Ayırdığınız turşunun üzerini kapatın ve buzdolabında saklayın.

d) Fırınınızı, fırının üst üçte birine yerleştirilmiş bir rafla en yüksek ayara (475-550 F veya 250-290 C) önceden ısıtın. Bir sac tepsiyi folyo ile hizalayın ve üstüne metal bir raf yerleştirin. Domuz eti, parçalar arasında mümkün olduğu kadar fazla boşluk bırakarak rafa yerleştirin. Rafın altındaki tavaya 1 ½ bardak su dökün. Bu, herhangi bir damlamanın yanmasını veya tütmesini önler.

e) Domuzu önceden ısıttığınız fırına aktarın ve 25 dakika kızartın. 25 dakika sonra domuz eti çevirin. Tencerenin altı kuruysa bir bardak daha su ekleyin. Eşit pişmesi için tavayı 180 derece çevirin. 15 dakika daha kızartın.

f) Bu arada, ayrılmış turşuyu maltoz veya bal ve 1 yemek kaşığı sıcak su ile birleştirin.

g) 40 dakika sonra domuz etini yağlayın, çevirin ve diğer tarafını da yağlayın. Son 10 dakika kızartın.

h) 50 dakika sonra domuz eti tamamen pişmeli ve üzeri karamelize edilmelidir. İstediğiniz kadar karamelleşmediyse, ızgarayı birkaç dakika çalıştırarak dışının çıtır çıtır olmasını ve biraz renk/lezzet katmasını sağlayabilirsiniz.

79. Buğulanmış barbekü domuz çörekler

10 ÇÖREK YAPAR

İÇİNDEKİLER:

Buğulanmış çörek hamuru için:
- 1 tatlı kaşığı aktif kuru maya
- ¾ bardak ılık su
- 2 fincan çok amaçlı un
- 1 bardak mısır nişastası
- 5 yemek kaşığı şeker
- ¼ fincan kanola veya bitkisel yağ
- 2½ çay kaşığı kabartma tozu

Dolgu için:
- 1 yemek kaşığı yağ
- ⅓ su bardağı ince kıyılmış arpacık veya kırmızı soğan
- 1 yemek kaşığı şeker
- 1 yemek kaşığı hafif soya sosu
- 1½ yemek kaşığı istiridye sosu
- 2 çay kaşığı susam yağı
- 2 çay kaşığı koyu soya sosu
- ½ su bardağı tavuk suyu
- 2 yemek kaşığı çok amaçlı un
- 1½ su bardağı doğranmış Çin domuz eti

TALİMATLAR:

a) Hamur kancası ataşmanı olan bir elektrikli karıştırıcının kasesinde (normal bir karıştırma kabı da kullanabilir ve elle yoğurabilirsiniz), 1 çay kaşığı aktif kuru mayayı ¾ bardak ılık suda eritin. Un ve mısır nişastasını birlikte eleyin ve şeker ve yağ ile birlikte maya karışımına ekleyin.

b) Mikseri en düşük ayara getirin ve pürüzsüz bir hamur topu oluşana kadar bırakın. Üzerini nemli bir bezle örtüp 2 saat dinlendirin. (Kabartma tozunu daha sonra ekleyeceksiniz!)

c) Hamur dinlenirken etli harcı yapın. Orta yüksek ateşte bir wok içinde 1 yemek kaşığı yağı ısıtın. Arpacık/soğan ekleyin ve 1 dakika karıştırarak kızartın. Isıyı orta-düşük seviyeye getirin ve şeker, hafif soya sosu, istiridye sosu, susam yağı ve koyu soya sosu ekleyin. Karıştırın ve karışım kabarmaya başlayana kadar pişirin. Tavuk suyu ve unu ekleyin, koyulaşana kadar 3 dakika pişirin. Ateşten alın ve kızarmış domuz etini karıştırın. Soğuması için kenara alın. Doldurmayı önceden yaparsanız, kurumasını önlemek için üzerini örtün ve soğutun.

d) Hamurunuz 2 saat dinlendikten sonra kabartma tozunu hamura ekleyin ve mikseri en düşük ayarda çalıştırın. Bu noktada hamur kuru görünüyorsa veya kabartma tozunu karıştırmada zorlanıyorsanız 1-2 çay kaşığı su ekleyin. Hamuru tekrar pürüzsüz hale gelene kadar yavaşça yoğurun. Üzerini nemli bir bezle örtüp 15 dakika daha dinlendirin. Bu arada, büyük bir parşömen kağıdı alın ve on adet 4x4 inçlik kareler halinde kesin. Suyu kaynatarak buharlayıcınızı hazırlayın.

e) Şimdi çörekleri birleştirmeye hazırız: Hamuru uzun bir tüpe yuvarlayın ve 10 eşit parçaya bölün. Her hamur parçasını yaklaşık 4½ inç çapında bir diske bastırın (merkezde daha kalın ve kenarlarda daha ince olmalıdır). Biraz dolgu ekleyin ve çörekler üstleri kapanana kadar katlayın.

f) Her topuzu bir parşömen kağıdı karesine yerleştirin ve buharlayın. Buharda pişirilmiş bir bambu kullanarak çörekleri iki ayrı partide buharda pişirdim.

g) Su kaynadığında çörekleri buharlayıcıya yerleştirin ve her partiyi yüksek ısıda 12 dakika buharlayın.

80. Kanton kızarmış domuz yağı

6-8 SERVİS

İÇİNDEKİLER:

- 3 pound domuz eti levhası, derisi üzerinde
- 2 çay kaşığı Shaoxing şarabı
- 2 çay kaşığı tuz
- 1 çay kaşığı şeker
- ½ çay kaşığı beş baharat tozu
- ¼ çay kaşığı beyaz biber
- 1½ çay kaşığı pirinç şarabı sirkesi
- ½ su bardağı kaba deniz tuzu

TALİMATLAR:

a) Domuz karnını durulayın ve kurulayın. Derili tarafı aşağı gelecek şekilde bir tepsiye koyun ve Shaoxing şarabını etin üzerine sürün (deriye değil). Tuz, şeker karıştırın,

b) beş baharat tozu ve beyaz biber. Bu baharat karışımını ete de iyice yedirin. Eti deri tarafı yukarı gelecek şekilde ters çevirin.

c) Bir sonraki adımı yapmak için, aslında restoranların kullandığı özel bir alet var, ama biz sadece keskin bir metal şiş kullandık. Cildin her yerine sistematik olarak delikler açın, bu da cildin pürüzsüz ve kösele gibi kalması yerine çıtır çıtır olmasına yardımcı olur. Ne kadar çok delik varsa o kadar iyidir. Ayrıca yeterince derine indiklerinden emin olun. Altındaki yağ tabakasının hemen üzerinde durun.

d) Domuz göbeğini buzdolabında üstü açık olarak 12-24 saat kurumaya bırakın.

e) Fırını 375 derece F'ye önceden ısıtın. Büyük bir parça alüminyum folyoyu (ağır hizmet tipi folyo en iyi sonucu verir) bir fırın tepsisine yerleştirin ve domuzun kenarlarını sıkıca katlayın, böylece çevresinde bir tür kutu oluşturmuş olursunuz. , kenarlarda 1 inç yüksekliğinde bir kenarlık vardır.

f) Pirinç şarabı sirkesini domuz derisinin üzerine fırçalayın. Deniz tuzunu derinin üzerine tek bir tabaka halinde koyun, böylece domuz eti tamamen kaplanır. Fırına verin ve 1 saat 30 dakika pişirin. Domuz göbeğinizde hala kaburga varsa, 1 saat 45 dakika kızartın.

g) Domuzu fırından çıkarın, ızgarayı düşük konuma getirin ve fırın rafını en alt konuma getirin. Domuz göbeğinden üst tabaka deniz tuzunu çıkarın, folyoyu açın ve tavaya bir kızartma rafı yerleştirin. Domuz karnını rafa yerleştirin ve çıtır çıtır olması için ızgaranın altına geri koyun. Bu 10-15 dakika sürmelidir.

h) Derisi kabarıp çıtır çıtır olunca fırından çıkarın. Yaklaşık 15 dakika dinlenmeye bırakın. Dilimleyin ve servis yapın!

81. Hindistan cevizi körili şehriye çorbası

İÇİNDEKİLER:

- 2 yemek kaşığı yağ
- 3 diş sarımsak, kıyılmış
- 1 yemek kaşığı taze zencefil, rendelenmiş
- 3 yemek kaşığı Tay kırmızı köri ezmesi
- 8 ons kemiksiz tavuk göğsü veya uyluk, dilimlenmiş
- 4 su bardağı tavuk suyu
- 1 su bardağı su
- 2 yemek kaşığı balık sosu
- ⅔ bardak hindistan cevizi sütü
- 6 ons kurutulmuş pirinç erişte erişte
- 1 kireç, suyu sıkılmış

TALİMATLAR:

a) Süslemek için doğranmış kırmızı soğan, kırmızı biber, kişniş, taze soğan

b) Orta ateşte büyük bir tencerede yağ, sarımsak, zencefil ve Tay kırmızı köri ezmesini ekleyin. Kokulu olana kadar 5 dakika kızartın.

c) Tavuğu ekleyin ve tavuk opaklaşana kadar birkaç dakika pişirin.

d) Tavuk suyu, su, balık sosu ve hindistancevizi sütünü ekleyin. kaynatın.

e) Bu noktada, suyu tuz için tadın ve baharatı buna göre ayarlayın.

f) Kaynayan çorbayı servis kaselerinize aldığınız kuru şehriyelerin üzerine dökün, üzerine limon suyu ve garnitürlerinizi ekleyip servis yapın. Erişte birkaç dakika içinde yemeye hazır olacak.

82. Baharatlı dana şehriye çorbası

İÇİNDEKİLER:

- 16 su bardağı soğuk su
- 6 dilim zencefil
- 3 taze soğan, yıkanmış ve ikiye bölünmüş
- ¼ bardak Shaoxing şarabı
- 3 libre sığır mandreni, 1½ inç parçalar halinde kesin
- 3 yemek kaşığı yağ
- 1 ila 2 yemek kaşığı Sichuan karabiber
- 2 baş sarımsak, soyulmuş
- 1 büyük soğan, parçalar halinde kesilmiş
- 5 yıldızlı anason
- 4 defne yaprağı
- ¼ fincan baharatlı fasulye ezmesi
- 1 büyük domates, küçük parçalar halinde kesilmiş
- ½ fincan hafif soya sosu
- 1 yemek kaşığı şeker
- 1 büyük parça kurutulmuş mandalina kabuğu
- seçeceğiniz taze veya kuru buğday eriştesi
- Süslemek için kıyılmış taze soğan ve kişniş

TALİMATLAR:

a) Yağı başka bir tencerede veya büyük wok'ta orta kısık ateşte ısıtın ve Sichuan biberleri, sarımsak karanfilleri, soğan, yıldız anason ve defne yapraklarını ekleyin. Sarımsak dişleri ve soğan parçaları yumuşayana kadar (yaklaşık 5 - 10 dakika) pişirin. Baharatlı fasulye ezmesini karıştırın.

b) Ardından domatesleri ekleyin ve iki dakika pişirin. Son olarak, hafif soya sosu ve şekeri karıştırın. Isıyı kapatın.

c) Şimdi 1. tencereden dana eti, zencefil ve yeşil soğanı alıp 2. tencereye aktaralım. Ardından, stoğu ince gözenekli bir süzgeçten geçirin. Tencereyi yüksek ateşe oturtun ve mandalina kabuğunu ekleyin. Çorbayı örtün ve kaynatın. Hemen ocağın altını kısın ve 60-90 dakika pişirin.

d) Kaynattıktan sonra, ısıyı kapatın, ancak kapağı kapalı tutun ve tatların birbirine karışmasına izin vermek için tencereyi ocakta (ısı kapalıyken) bir tam saat daha bekletin. Çorba tabanınız hazır. Servis yapmadan önce çorba tabanını tekrar kaynatmayı unutmayın.

83. Sarı Yumurta bırakma çorbası

İÇİNDEKİLER:
- 4 su bardağı organik tavuk suyu
- ½ çay kaşığı susam yağı
- ½ çay kaşığı tuz
- bir tutam şeker
- tutam beyaz biber
- 5 damla sarı gıda boyası
- ½ bardak su ile karıştırılmış ¼ bardak mısır nişastası
- 3 yumurta, hafifçe çırpılmış
- 1 yeşil soğan, doğranmış

TALİMATLAR:

a) Orta boy bir çorba tenceresinde tavuk suyunu kaynatın. Susam yağı, tuz, şeker ve beyaz biberi karıştırın.

b) Sonra mısır nişastası bulamacını ekleyin

c) Çorbayı birkaç dakika kaynamaya bırakın, ardından kıvamının beğeninize uygun olup olmadığını kontrol edin.

d) Çorbayı bir kaseye alın, üzerine kıyılmış taze soğan ekleyin, üzerine biraz susam yağı gezdirin ve servis yapın!

84. basit mantı çorbası

İÇİNDEKİLER:

- 10 ons bebek bok choy veya benzeri yeşil sebze
- 1 su bardağı domuz eti
- 2½ yemek kaşığı susam yağı
- tutam beyaz biber
- 1 yemek kaşığı terbiyeli soya sosu
- ½ çay kaşığı tuz
- 1 yemek kaşığı Shaoxing şarabı
- 1 paket mantı derisi
- 6 su bardağı iyi tavuk suyu
- 1 yemek kaşığı susam yağı
- Tatmak için beyaz biber ve tuz
- 1 yeşil soğan, doğranmış

TALİMATLAR:

a) Sebzeleri iyice yıkayarak başlayın. Büyük bir tencerede suyu kaynatın ve sebzeleri sadece solana kadar haşlayın. Süzün ve soğuk suda durulayın. İyi bir sebze yığını alın ve olabildiğince fazla suyu dikkatlice sıkın. Sebzeleri çok ince doğrayın (ayrıca mutfak robotuna atarak işlemi hızlandırabilirsiniz).

b) Orta boy bir kaseye ince kıyılmış sebzeleri, kıymayı, susam yağını, beyaz biberi, soya sosu, tuzu ve Shaoxing şarabını ekleyin. Karışım neredeyse bir macun gibi emülsifiye olana kadar iyice karıştırın.

c) Şimdi toplanma zamanı! Küçük bir kaseyi suyla doldurun. Bir ambalaj kağıdı alın ve ambalajın kenarlarını ıslatmak için parmağınızı kullanın. Ortasına bir tatlı kaşığından biraz fazla iç harcı ekleyin. Sargıyı ikiye katlayın ve sağlam bir mühür elde etmek için iki tarafı birbirine bastırın.

d) Az önce yaptığınız küçük dikdörtgenin alt iki köşesini tutun ve iki köşeyi birleştirin. Yapışmalarını sağlamak için biraz su kullanabilirsiniz. Ve bu kadar! Tüm dolgu bitene kadar birleştirmeye devam edin. Yapışmasını önlemek için mantıları parşömen kağıdıyla kaplı bir fırın tepsisine veya plakaya yerleştirin.

e) Bu noktada, wontonları streç filmle kaplayabilir, fırın tepsisini/tabağı dondurucuya koyabilir ve donduklarında Ziploc poşetlerine aktarabilirsiniz. Dondurucuda birkaç ay kalacaklar ve istediğiniz zaman mantı çorbası için hazır olacaklar.

f) Çorbayı yapmak için tavuk suyunuzu kaynatın ve susam yağı, beyaz biber ve tuz ekleyin.

g) Ayrı bir tencerede suyu kaynatın. Wontonları birer birer dikkatlice tencereye ekleyin. Wontonların dibe yapışmasını önlemek için karıştırın. Yapışırlarsa endişelenmeyin, piştikten sonra serbest kalmaları gerekir. Yüzdüklerinde biterler. Onları fazla pişirmemeye dikkat edin.

h) Wontonları oluklu bir kaşıkla çıkarın ve kaselere koyun. Çorbayı mantıların üzerine dökün ve doğranmış taze soğanla süsleyin. Sert!

85. yumurtalı çorba

İÇİNDEKİLER:

- 4 su bardağı düşük sodyumlu tavuk suyu
- 2 soyulmuş taze zencefil dilimi
- 2 diş sarımsak, soyulmuş
- 2 çay kaşığı hafif soya sosu
- 2 yemek kaşığı mısır nişastası
- 3 yemek kaşığı su
- 2 büyük yumurta, hafifçe çırpılmış
- 1 çay kaşığı susam yağı
- Garnitür için ince dilimlenmiş 2 taze soğan

TALİMATLAR:

a) Bir wok veya çorba tenceresinde et suyu, zencefil, sarımsak ve hafif soyayı birleştirin ve kaynatın. Kaynamaya bırakın ve 5 dakika pişirin. Zencefili ve sarımsağı çıkarın ve atın.

b) Küçük bir kapta mısır nişastası ve suyu karıştırın ve karışımı wok tavasına karıştırın.

c) Kaynamaya kadar ısıyı azaltın. Çırpılmış yumurtalara bir çatal batırın ve ardından yavaşça karıştırarak çorbanın içinden geçirin. Yumurtaları ayarlamak için çorbayı birkaç dakika rahatsız edilmeden pişirin. Üzerine susam yağını gezdirip çorbayı servis kaselerine paylaştırın. Taze soğan ile süsleyin.

86. Yumurta kızarmış pilav

İÇİNDEKİLER:

- 5 su bardağı pişmiş pirinç
- 5 büyük yumurta (bölünmüş)
- 2 yemek kaşığı su
- ¼ çay kaşığı kırmızı biber
- ¼ çay kaşığı zerdeçal
- 3 yemek kaşığı sıvı yağ (bölünmüş)
- 1 orta boy soğan, ince kıyılmış
- ½ kırmızı dolmalık biber, ince kıyılmış
- ½ su bardağı donmuş bezelye, çözülmüş
- 1½ çay kaşığı tuz
- ¼ çay kaşığı şeker
- ¼ çay kaşığı karabiber
- 2 taze soğan, doğranmış

TALİMATLAR:

a) Pirinci kabartmak ve parçalamak için bir çatal kullanın. Taze pişmiş pirinç kullanıyorsanız, kabartmadan önce buharı durana kadar tezgahın üzerinde bekletin.

b) 3 yumurtayı bir kapta çırpın. Diğer 2 yumurtayı başka bir kapta 2 yemek kaşığı su, kırmızı biber ve zerdeçal ile birlikte çırpın. Bu iki kaseyi bir kenara koyun.

c) Bir wok'u orta yüksek ateşte ısıtın ve 2 yemek kaşığı yağ ekleyin. 3 çırpılmış yumurtayı (baharatsız) ekleyin ve çırpın. Onları wok'tan çıkarın ve bir kenara koyun.

d) Wok'u yüksek ateşte ısıtın ve son yemek kaşığı yağı ekleyin. Doğranmış soğanı ve dolmalık biberi ekleyin. 1-2 dakika karıştırarak kızartın. Ardından, pirinci ekleyin ve pirinci eşit şekilde ısıtmak için bir kepçe hareketi kullanarak 2 dakika karıştırarak kızartın. Pirinç topaklarını düzleştirmek ve parçalamak için wok spatulanızı kullanın.

e) Daha sonra kalan pişmemiş yumurta ve baharat karışımını pirincin üzerine dökün ve tüm pirinç taneleri yumurta ile kaplanana kadar yaklaşık 1 dakika karıştırarak kızartın.

f) Bezelye ekleyin ve bir dakika daha sürekli karıştırarak kızartın. Daha sonra tuz, şeker ve karabiberi pirincin üzerine yayın ve karıştırın. Şimdi pirinçten biraz buhar çıktığını görmelisiniz, bu da tamamen ısıtıldığı anlamına gelir.

87. Klasik domuz kızarmış pilav

İÇİNDEKİLER:

- 1 yemek kaşığı sıcak su
- 1 çay kaşığı bal
- 1 çay kaşığı susam yağı
- 1 çay kaşığı Shaoxing şarabı
- 1 yemek kaşığı soya sosu
- 1 çay kaşığı koyu soya sosu
- ¼ çay kaşığı beyaz biber
- 5 su bardağı haşlanmış beyaz pirinç
- 1 yemek kaşığı yağ
- 1 orta boy soğan, doğranmış
- 1 pound Çin Barbekü domuz eti, parçalar halinde kesilmiş
- 2 yumurta, çırpılmış
- ½ fincan maş fasulyesi filizi
- 2 taze soğan, doğranmış

TALİMATLAR:

a) Küçük bir kapta sıcak su, bal, susam yağı, Shaoxing şarabı, soya sosu, koyu soya sosu ve beyaz biberi birleştirerek başlayın.

b) Pişen pirinci alın ve çatalla veya elinizle kabartın.

c) Orta ateşte wok ile bir çorba kaşığı yağ ekleyin ve soğanları yarı saydam olana kadar soteleyin. Kızarmış domuz eti karıştırın. Pirinci ekleyin ve iyice karıştırın. Sos karışımını ve tuzu ekleyin ve pirinç eşit şekilde sosla kaplanana kadar kepçe hareketiyle karıştırın.

d) Yumurtalarınızı, maş fasulyesi filizlerini ve yeşil soğanları atın. Bir veya iki dakika daha iyice karıştırın ve servis yapın!

88. sarhoş erişte

İÇİNDEKİLER:

Tavuk ve marine için:
- 2 yemek kaşığı su
- 12 ons dilimlenmiş tavuk uyluk veya tavuk göğsü
- 1 çay kaşığı soya sosu
- 1 çay kaşığı yağ
- 2 çay kaşığı mısır nişastası

Yemeğin geri kalanı için:
- 8 ons geniş kurutulmuş pirinç eriştesi, pişmiş
- 1½ çay kaşığı kahverengi şeker, 1 çorba kaşığı sıcak suda eritilmiş
- 2 çay kaşığı soya sosu
- 1 çay kaşığı koyu soya sosu
- 1 yemek kaşığı balık sosu
- 2 çay kaşığı istiridye sosu
- bir tutam toz beyaz biber
- 3 yemek kaşığı bitkisel veya kanola yağı (bölünmüş)
- 3 diş sarımsak, dilimlenmiş
- ¼ çay kaşığı taze rendelenmiş zencefil
- 2 arpacık soğan, dilimlenmiş (yaklaşık ⅓ bardak)
- 1 yeşil soğan, 3 inçlik parçalar halinde julienned
- 4 Tay kırmızı pul biber, çekirdekleri çıkarılmış ve jülyen doğranmış
- 1 su bardağı gevşekçe paketlenmiş kutsal fesleğen veya Tay fesleğen
- 5 ila 6 parça bebek mısır, ikiye bölünmüş (isteğe bağlı)
- 2 çay kaşığı Shaoxing şarabı

TALİMATLAR:

a) 2 yemek kaşığı suyu, tavuk sıvıyı emene kadar dilimlenmiş tavuğun içine elinizle akıtın. Soya sosu, yağ, mısır nişastası ekleyin ve tavuk eşit şekilde kaplanana kadar karıştırın. 20 dakika kenara koyun.

b) Çözünmüş kahverengi şeker karışımını, soya soslarını, balık sosunu, istiridye sosunu ve beyaz biberi küçük bir kasede karıştırın ve bir kenara koyun.

c) Wok'unuzu tütmeye yakın olana kadar ısıtın ve 2 yemek kaşığı yağı wok'un çevresine yayın. Tavuğu ekleyin ve yaklaşık %90 pişene kadar her bir tarafını 1 dakika kavurun. Wok'tan çıkarın ve bir kenara koyun. Isı yeterince yüksekse ve eti doğru şekilde kızarttıysanız, wok'unuz hala temiz olmalı ve üzerine hiçbir şey yapışmamalıdır. Değilse, pirinç eriştelerinin yapışmasını önlemek için tavayı yıkayabilirsiniz.

d) Yüksek ateşte wok ile devam edin ve sarımsak ve rendelenmiş zencefil ile birlikte 1 yemek kaşığı yağ ekleyin.

e) Birkaç saniye sonra arpacıkları ekleyin. 20 saniye karıştırarak kızartın ve taze soğan, acı biber, fesleğen, körpe mısır ve Shaoxing şarabını ekleyin. 20 saniye daha karıştırarak kızartın ve pirinç eriştelerini ekleyin. Erişte ısınana kadar her şeyi bir dakika daha karıştırmak için bir kepçe hareketi kullanın.

f) Daha sonra hazırlanan sos karışımını ekleyin ve en yüksek ısıda yaklaşık 1 dakika erişteler tek tip renk alana kadar karıştırarak kızartın. Yapışmayı önlemek için wok tavasının altını kazımak için metal spatula kullanmaya özen gösterin.

g) Haşlanmış tavukları ekleyin ve 1-2 dakika daha karıştırarak kavurun. Sert!

89. Sichuan dan dan erişte

İÇİNDEKİLER:

BİBER YAĞI İÇİN:
- 2 yemek kaşığı Sichuan karabiberi
- 1 inç uzunluğunda tarçın parçası
- 2 yıldızlı anason
- 1 su bardağı sıvı yağ
- ¼ su bardağı ezilmiş kırmızı biber gevreği

ET VE SUI MI YA CAI İÇİN:
- 3 çay kaşığı yağ (bölünmüş)
- 8 ons öğütülmüş domuz eti
- 2 çay kaşığı tatlı fasulye sosu veya hoisin sosu
- 2 çay kaşığı Shaoxing şarabı
- 1 çay kaşığı koyu soya sosu
- ½ çay kaşığı beş baharat tozu
- ⅓ fincan sui mi Ya cai

SOSU İÇİN:
- 2 yemek kaşığı susam ezmesi (tahin)
- 3 yemek kaşığı soya sosu
- 2 çay kaşığı şeker
- ¼ çay kaşığı beş baharat tozu
- ½ çay kaşığı Sichuan karabiber tozu
- ½ bardak hazırladığınız biber yağı
- 2 diş sarımsak, çok ince kıyılmış
- ¼ bardak erişteden sıcak pişirme suyu

ERİŞTE VE SEBZELER İÇİN:
- 1 pound taze veya kurutulmuş beyaz erişte, orta kalınlıkta
- 1 küçük demet yapraklı yeşillik (ıspanak, bok choy veya choy sum)

MONTAJLAMA:
- kıyılmış fıstık (isteğe bağlı)
- kıyılmış taze soğan

TALİMATLAR:

a) Et karışımını yapmak için: Bir wok'ta bir çay kaşığı yağı orta ateşte ısıtın ve domuz kıymasını kızartın. Tatlı fasulye sosu, Shaoxing şarabı, koyu soya sosu ve beş baharat tozu ekleyin. Tüm sıvı buharlaşana kadar pişirin. Kenara koyun. Diğer 2 çay kaşığı yağı wok tavada orta ateşte ısıtın ve sui mi ya cai'yi (sebze turşusu) birkaç dakika soteleyin. Kenara koyun.

b) Sosu yapmak için: Tüm sos malzemelerini karıştırın. İsterseniz baharatı tadın ve ayarlayın. Daha fazla sıcak suyla gevşetebilir, daha fazla Sichuan karabiber tozu ekleyebilirsiniz.

c) Erişte ve sebzeleri hazırlamak için: Erişteleri paketteki talimatlara göre pişirin ve süzün. Yeşillikleri erişte suyunda haşlayın ve süzün.

d) Sosu dört kaseye paylaştırın, ardından erişte ve yeşillikleri ekleyin. Pişmiş domuz etini ve sui mi ya cai'yi üstüne ekleyin. Doğranmış yer fıstığı (isteğe bağlı) ve yeşil soğan serpin.

e) Her şeyi birlikte karıştırın ve keyfini çıkarın!

90. Sıcak ve ekşi çorba

İÇİNDEKİLER:

- 4 ons kemiksiz domuz filetosu, ¼ inç kalınlığında şeritler halinde kesilmiş
- 1 yemek kaşığı koyu soya sosu
- 4 adet kurutulmuş şitaki mantarı
- 8 adet kurutulmuş ağaç kulak mantarı
- 1½ yemek kaşığı mısır nişastası
- ¼ bardak baharatsız pirinç sirkesi
- 2 yemek kaşığı hafif soya sosu
- 2 çay kaşığı şeker
- 1 çay kaşığı biber yağı
- 1 çay kaşığı öğütülmüş beyaz biber
- 2 yemek kaşığı bitkisel yağ
- 1 soyulmuş taze zencefil dilimi, yaklaşık çeyrek büyüklüğünde
- koşer tuzu
- 4 su bardağı düşük sodyumlu tavuk suyu
- 4 ons sert tofu, durulanır ve ¼ inçlik şeritler halinde kesilir
- 1 büyük yumurta, hafifçe dövülmüş
- Garnitür için ince dilimlenmiş 2 taze soğan

TALİMATLAR:

a) Bir kapta, kaplamak için domuz eti ve koyu soya atın. Kenara koyun.

b) Her iki mantarı da ısıya dayanıklı bir kaba koyun ve üzerini kaynar su ile kapatın. Mantarları yaklaşık 20 dakika yumuşayana kadar ıslatın. Mantar suyunun ¼ fincanını bir cam ölçüm kabına dökün ve bir kenara koyun. Kalan sıvıyı boşaltın ve atın. Shiitake mantarlarını ince ince dilimleyin ve ağaç kulak mantarlarını ısırık büyüklüğünde parçalar halinde kesin. Her iki mantarı da ıslatma kabına geri koyun ve bir kenara koyun.

c) Mısır nişastasını, mısır nişastası eriyene kadar ayrılmış mantar sıvısına karıştırın. Şeker eriyene kadar sirke, hafif soya, şeker, kırmızı biber yağı ve beyaz biberi ilave edin. Kenara koyun.

d) Wok tavayı orta-yüksek ateşte bir damla su cızırdayana ve temas ettiğinde buharlaşana kadar ısıtın. Wok tavasının tabanını kaplamak için bitkisel yağı dökün ve döndürün. Zencefil ve bir tutam tuz ekleyerek yağı baharatlayın. Zencefili hafifçe döndürerek yaklaşık 30 saniye yağda cızırdamaya bırakın.

e) Domuz etini wok tavaya aktarın ve domuz eti artık pembeleşene kadar yaklaşık 3 dakika karıştırarak kızartın. Zencefili çıkarın ve atın. Et suyunu ekleyin ve kaynatın. Kaynamaya bırakın ve mantarları karıştırın. Tofuda karıştırın ve 2 dakika pişirin. Mısır nişastası karışımını ilave edin ve çorbayı yaklaşık 30 saniye koyulaşana kadar karıştırarak ısıyı orta-yüksek seviyeye getirin. Kaynamaya kadar ısıyı azaltın.

f) Çırpılmış yumurtaya bir çatal batırın ve ardından yavaşça karıştırarak çorbanın içinden geçirin.

91. domuz pastırması

İÇİNDEKİLER:

- 10 su bardağı su
- ¾ su bardağı yasemin pirinci, durulanmış ve süzülmüş
- 1 çay kaşığı koşer tuzu
- 2 çay kaşığı soyulmuş kıyılmış taze zencefil
- 2 diş sarımsak, kıyılmış
- 1 yemek kaşığı hafif soya sosu, artı servis için daha fazlası
- 2 çay kaşığı Shaoxing pirinç şarabı
- 2 çay kaşığı mısır nişastası
- 6 ons öğütülmüş domuz eti
- 2 yemek kaşığı bitkisel yağ
- Servis için ince dilimlenmiş salamura Çin sebzeleri (isteğe bağlı)
- Yeşil Soğan-Zencefil Yağı, servis için (isteğe bağlı)
- Kızarmış Biber Yağı, servis için (isteğe bağlı)
- Servis için susam yağı (isteğe bağlı)

TALİMATLAR:

a) Ağır dipli bir tencerede suyu kaynatın. Pirinci ve tuzu ilave edip karıştırarak kaynama noktasına getirin. Örtün ve ara sıra karıştırarak yaklaşık 1½ saat pirinç yumuşak bir yulaf lapası benzeri kıvama gelene kadar pişirin.

b) Congee pişerken orta boy bir kapta zencefil, sarımsak, hafif soya, pirinç şarabı ve mısır nişastasını karıştırın. Domuz eti ekleyin ve 15 dakika marine etmesine izin verin.

c) Wok tavayı orta-yüksek ateşte bir damla su cızırdayana ve temas ettiğinde buharlaşana kadar ısıtın. Wok tavasının tabanını kaplamak için bitkisel yağı dökün ve döndürün. Domuz eti ekleyin ve kızartın, eti fırlatıp parçalayın, yaklaşık 2 dakika.

d) Biraz karamelleşmek için karıştırmadan 1 ila 2 dakika daha pişirin.

e) Congee'yi tavada kızartılmış domuz eti ile doldurulmuş çorba kaselerinde servis edin. Seçtiğiniz soslarla süsleyin.

92. Karides, Yumurta ve Yeşil Soğanlı Kızarmış Pilav

İÇİNDEKİLER:
- 2 yemek kaşığı bitkisel yağ
- koşer tuzu
- 1 büyük yumurta, dövülmüş
- ½ pound karides (her boyutta), soyulmuş, kabuğu çıkarılmış ve lokma büyüklüğünde parçalar halinde kesilmiş
- 1 çay kaşığı soyulmuş ince kıyılmış taze zencefil
- 2 diş sarımsak, ince kıyılmış
- ½ su bardağı donmuş bezelye ve havuç
- 2 yeşil soğan, ince dilimlenmiş, bölünmüş
- 3 su bardağı soğuk pişmiş pirinç
- 3 yemek kaşığı tuzsuz tereyağı
- 1 yemek kaşığı hafif soya sosu
- 1 yemek kaşığı susam yağı

TALİMATLAR:

a) Wok tavayı orta-yüksek ateşte bir damla su cızırdayana ve temas ettiğinde buharlaşana kadar ısıtın. Wok tavasının tabanını kaplamak için bitkisel yağı dökün ve döndürün. Küçük bir tutam tuz ekleyerek yağı baharatlayın. Yumurtayı ekleyip hızlıca çırpın.

b) Bir orta halka oluşturmak için yumurtayı wokun kenarlarına doğru itin ve karides, zencefil ve sarımsağı birlikte ekleyin. Karidesleri bir tutam tuzla 2 ila 3 dakika opak ve pembe olana kadar karıştırarak kızartın. Bezelye ve havuçları ve yeşil soğanların yarısını ekleyin ve bir dakika daha karıştırın.

c) Büyük topakları kırarak pirinci ekleyin ve tüm malzemeleri birleştirmek için fırlatıp çevirin. 1 dakika karıştırarak kızartın, ardından hepsini wok'un kenarlarına doğru itin ve wok'un dibinde bir çukur bırakın.

d) Tereyağı ve hafif soya ekleyin, tereyağının erimesine ve köpürmesine izin verin, ardından yaklaşık 30 saniye kaplamak için her şeyi birlikte atın.

e) Kızarmış pirinci wok'ta eşit bir tabaka halinde yayın ve pirincin hafifçe çıtır çıtır olması için yaklaşık 2 dakika wok'ta bekletin. Üzerine susam yağı gezdirin ve bir tutam tuz daha ekleyin. Bir tabağa aktarın ve hemen servis yapın, yeşil soğanların geri kalanıyla süsleyin.

93. Füme Alabalık Kızarmış Pilav

İÇİNDEKİLER:

- 2 büyük yumurta
- 1 çay kaşığı susam yağı
- koşer tuzu
- öğütülmüş beyaz biber
- 1 yemek kaşığı hafif soya sosu
- ½ çay kaşığı şeker
- 3 yemek kaşığı ghee veya bitkisel yağ, bölünmüş
- 1 çay kaşığı soyulmuş ince kıyılmış taze zencefil
- 2 diş sarımsak, ince kıyılmış
- 3 su bardağı soğuk pişmiş pirinç
- 4 ons tütsülenmiş alabalık, ısırık büyüklüğünde parçalara ayrılmış
- ½ fincan ince dilimlenmiş marul kalpleri
- 2 taze soğan, ince dilimlenmiş
- ½ çay kaşığı beyaz susam

TALİMATLAR:

a) Büyük bir kapta, yumurtaları susam yağı ve birer tutam tuz ve beyaz biberle birleşene kadar çırpın. Küçük bir kapta, şekeri eritmek için hafif soya ve şekeri karıştırın. Kenara koyun.

b) Wok tavayı orta-yüksek ateşte bir damla su cızırdayana ve temas ettiğinde buharlaşana kadar ısıtın. Wok tabanını kaplamak için 1 çorba kaşığı ghee ve girdap dökün. Yumurta karışımını ekleyin ve ısıya dayanıklı bir spatula kullanarak yumurtaları çevirin ve pişmesi için sallayın. Yumurtaları yeni piştiğinde ancak kurutmadan bir tabağa aktarın.

c) Kalan 2 yemek kaşığı yağı, zencefil ve sarımsakla birlikte wok'a ekleyin. Sarımsak ve zencefil aromatik hale gelene kadar hızlıca karıştırın, ancak yanmalarına izin vermemeye dikkat edin. Pirinç ve soya karışımını ekleyin ve birleştirmek için karıştırın. Kızartmaya yaklaşık 3 dakika devam edin. Alabalığı ve pişmiş yumurtayı ekleyin ve karıştırarak yaklaşık 20 saniye kırın. Marulu ve yeşil soğanı ekleyin ve her ikisi de parlak yeşil olana kadar karıştırın.

d) Servis tabağına alıp üzerine susam serpin.

94. Spam Kızarmış Pilav

İÇİNDEKİLER:
- 1 yemek kaşığı bitkisel yağ
- 2 soyulmuş taze zencefil dilimi
- koşer tuzu
- 1 (12 ons) kutu Spam, ½ inçlik küpler halinde kesilmiş
- ½ beyaz soğan, ¼ inçlik küpler halinde kesin
- 2 diş sarımsak, ince kıyılmış
- ½ su bardağı donmuş bezelye ve havuç
- 2 yeşil soğan, ince dilimlenmiş, bölünmüş
- 3 su bardağı soğuk pişmiş pirinç
- ½ fincan konserve ananas parçaları, meyve suları saklıdır
- 3 yemek kaşığı tuzsuz tereyağı
- 2 yemek kaşığı hafif soya sosu
- 1 çay kaşığı sirke
- 1 çay kaşığı açık kahverengi şeker
- 1 yemek kaşığı susam yağı

TALİMATLAR:

a) Wok tavayı orta-yüksek ateşte bir damla su cızırdayana ve temas ettiğinde buharlaşana kadar ısıtın. Wok tavasının tabanını kaplamak için bitkisel yağı dökün ve döndürün. Zencefil ve küçük bir tutam tuz ekleyerek yağı baharatlayın. Zencefili hafifçe döndürerek yaklaşık 30 saniye yağda cızırdamaya bırakın.

b) Doğranmış Spam'ı ekleyin ve wok tavasının altına eşit şekilde yayın. Atmadan ve çevirmeden önce Spam'in dağılmasına izin verin. Spam'i altın rengine dönene ve her tarafı çıtır çıtır olana kadar 5 ila 6 dakika karıştırarak kızartmaya devam edin.

c) Soğanı ve sarımsağı ekleyin ve soğan yarı saydam görünmeye başlayana kadar yaklaşık 2 dakika karıştırarak kızartın. Bezelye ve havuçları ve yeşil soğanların yarısını ekleyin. Bir dakika daha karıştırarak kızartın.

d) Pirinci ve ananası atın, büyük pirinç kümelerini kırın ve tüm malzemeleri birleştirmek için fırlatıp çevirin. 1 dakika karıştırarak kızartın, ardından hepsini wok'un kenarlarına doğru itin ve wok'un dibinde bir çukur bırakın.

e) Tereyağı, ayrılmış ananas suyu, hafif soya, sriracha ve kahverengi şekeri ekleyin. Şekeri eritmek için karıştırın ve sosu kaynatın, ardından sosu azaltmak ve biraz koyulaştırmak için yaklaşık bir dakika pişirin. Kaplamak için her şeyi yaklaşık 30 saniye birleştirin.

f) Kızarmış pirinci wok'ta eşit bir tabaka halinde yayın ve pirinci wok'ta hafifçe çıtır çıtır olana kadar yaklaşık 2 dakika bekletin. Zencefili çıkarın ve atın. Üzerine susam yağı gezdirin ve bir tutam tuz daha ekleyin. Bir tabağa aktarın ve kalan yeşil soğanlarla süsleyin. Hemen servis yapın.

95. Lap Cheung ve Bok Choy ile Buharda Pişirilmiş Pirinç

İÇİNDEKİLER:

- 1½ su bardağı yasemin pirinci
- 4 tur Cheung (Çin sosisi) bağlantıları veya İspanyol chorizo
- 4 adet baby bok choy kafası, her biri 6 dilime bölünmüş
- ¼ fincan bitkisel yağ
- 1 küçük arpacık soğan, ince dilimlenmiş
- 1-inç taze zencefil parçası, soyulmuş ve ince kıyılmış
- 1 diş sarımsak, soyulmuş ve ince kıyılmış
- 2 çay kaşığı hafif soya sosu
- 1 yemek kaşığı koyu soya sosu
- 2 çay kaşığı Shaoxing pirinç şarabı
- 1 çay kaşığı susam yağı
- Şeker

TALİMATLAR:

a) Bir karıştırma kabında, pirinci soğuk su altında 3 veya 4 kez durulayın ve çalkalayın, nişastaları durulamak için pirinci suda çevirin. Pirinci soğuk suyla örtün ve 2 saat bekletin. Pirinci ince gözenekli bir elekten geçirin.

b) İki bambu buharlı pişirici sepeti ve kapaklarını soğuk su altında durulayın ve bir sepeti wok'a yerleştirin. 2 inç veya su seviyesinin buharlı pişiricinin alt kenarının ¼ ila ½ inç üzerine çıkmasına, ancak su buharlı pişiricinin tabanına değecek kadar yüksek olmamasına yetecek kadar su dökün.

c) Bir tabağa tülbent serip ıslatılmış pirincin yarısını tabağa ekleyin. 2 sosis ve Çin lahanasının yarısını üstüne yerleştirin ve tülbenti gevşek bir şekilde bağlayın, böylece pirincin etrafında genişleyebilmesi için yeterli boşluk kalır. Plakayı buhar sepetine yerleştirin. İşlemi başka bir tabak, daha fazla tülbent ve ikinci buhar sepetinde kalan sosis ve Çin lahanası ile tekrarlayın, ardından birincisinin üzerine istifleyin ve üzerini kapatın.

d) Isıyı orta-yüksek seviyeye getirin ve suyu kaynatın. Pirinci 20 dakika buharda pişirin, su seviyesini sık sık kontrol edin ve gerekirse ekleyin.

e) Pirinç buharda pişirilirken, küçük bir tencerede, bitkisel yağı duman çıkmaya başlayana kadar orta ateşte ısıtın. Ateşi kapatın ve arpacık soğanı, zencefili ve sarımsağı ekleyin. Birlikte karıştırın ve hafif soya, koyu soya, pirinç şarabı, susam yağı ve bir tutam şeker ekleyin. Soğuması için kenara alın.

f) Pilav hazır olduğunda, tülbenti dikkatlice çözün ve pirinci ve Çin lahanasını bir tabağa aktarın. Sosisleri çapraz olarak dilimleyin ve pirincin üzerine yerleştirin. Yanında zencefil soya yağı ile servis yapın.

96. Dana etli erişte çorbası

İÇİNDEKİLER:

- ¾ pound sığır filetosu uçları, tahıl boyunca ince dilimlenmiş
- 2 çay kaşığı kabartma tozu
- 4 yemek kaşığı Shaoxing pirinç şarabı, bölünmüş
- 4 yemek kaşığı hafif soya sosu, bölünmüş
- 2 çay kaşığı mısır nişastası, bölünmüş
- 1 çay kaşığı şeker
- Taze çekilmiş karabiber
- 3 yemek kaşığı bitkisel yağ, bölünmüş
- 2 çay kaşığı Çin beş baharat tozu
- 4 adet soyulmuş taze zencefil dilimi
- 2 diş sarımsak, soyulmuş ve ezilmiş
- 4 su bardağı et suyu
- ½ pound kurutulmuş Çin eriştesi (herhangi bir tür)
- 2 adet baby bok choy kafası, dörde bölünmüş
- 1 yemek kaşığı Yeşil Soğan-Zencefil Yağı

TALİMATLAR:

a) Sığır etini küçük bir kapta kabartma tozu ile karıştırın ve 5 dakika bekletin. Sığır eti durulayın ve kağıt havlularla kurulayın.

b) Başka bir kapta dana eti pirinç şarabı, hafif soya, mısır nişastası, şeker, tuz ve karabiberle karıştırın. Terbiye etmek.

c) Cam bir ölçü kabında kalan 3 yemek kaşığı pirinç şarabı, 3 yemek kaşığı light soya ve 1 tatlı kaşığı mısır nişastasını karıştırıp kenara alın.

d) Wok tavayı orta-yüksek ateşte bir damla su cızırdayana ve temas ettiğinde buharlaşana kadar ısıtın. Wok'un tabanını kaplamak için 2 yemek kaşığı bitkisel yağ dökün ve döndürün. Sığır eti ve beş baharat tozunu ekleyin ve hafifçe kızarana kadar ara sıra karıştırarak 3 ila 4 dakika pişirin. Sığır eti temiz bir kaseye aktarın ve bir kenara koyun.

e) Wok tavasını silerek temizleyin ve tekrar orta ateşe getirin. Kalan 1 yemek kaşığı bitkisel yağı ekleyin ve wokun tabanını kaplamak için döndürün. Yağı baharatlamak için zencefil, sarımsak ve bir tutam tuz ekleyin. Zencefil ve sarımsağın yağda hafifçe dönerek yaklaşık 10 saniye cızırdamasına izin verin.

f) Soya sosu karışımını dökün ve kaynatın. Et suyunu dökün ve kaynatın. Kaynamaya bırakın ve sığır eti wok'a geri koyun. 10 dakika kaynatın.

g) Bu arada, yüksek ateşte kaynatmak için büyük bir tencereye su getirin. Erişteleri ekleyin ve paketteki talimatlara göre pişirin. Bir wok skimmer kullanarak erişteleri çıkarın ve süzün. Çin lahanasını kaynayan suya ekleyin ve parlak yeşil ve yumuşayana kadar 2 ila 3 dakika pişirin. Çin lahanasını çıkarın ve bir kaseye koyun. Maşa kullanarak, erişteleri yeşil soğan-zencefil yağı ile kaplayın. Erişte ve Çin lahanasını çorba kaselerine bölün.

97. sarımsaklı erişte

İÇİNDEKİLER:
- ½ pound taze Çin yumurtalı erişte, pişmiş
- 2 yemek kaşığı susam yağı, bölünmüş
- 2 yemek kaşığı açık kahverengi şeker
- 2 yemek kaşığı istiridye sosu
- 1 yemek kaşığı hafif soya sosu
- ½ çay kaşığı öğütülmüş beyaz biber
- 6 yemek kaşığı tuzsuz tereyağı
- 8 diş sarımsak, ince kıyılmış
- 6 taze soğan, ince dilimlenmiş

TALİMATLAR:

a) Erişteleri 1 çorba kaşığı susam yağı ile gezdirin ve kaplayın. Kenara koyun.

b) Küçük bir kapta esmer şeker, istiridye sosu, hafif soya ve beyaz biberi karıştırın. Kenara koyun.

c) Bir wok'u orta-yüksek ateşte ısıtın ve tereyağını eritin. Sarımsakları ve yeşil soğanların yarısını ekleyin. 30 saniye karıştırarak kızartın.

d) Sosu dökün ve tereyağı ve sarımsak ile birleştirmek için karıştırın. Sosu kaynamaya getirin ve erişte ekleyin. Erişteleri ısıtılana kadar sosla kaplayın.

98. Singapur eriştesi

İÇİNDEKİLER:

- ½ pound kurutulmuş pirinç erişte erişte
- ½ pound orta boy karides, soyulmuş ve kabuğu çıkarılmış
- 3 yemek kaşığı hindistancevizi yağı, bölünmüş
- koşer tuzu
- 1 küçük beyaz soğan, ince şeritler halinde dilimlenmiş
- ½ yeşil dolmalık biber, ince şeritler halinde kesilmiş
- ½ kırmızı dolmalık biber, ince şeritler halinde kesilmiş
- 2 diş sarımsak, ince kıyılmış
- 1 su bardağı donmuş bezelye, çözülmüş
- İnce şeritler halinde dilimlenmiş ½ pound Çin rosto domuz eti
- 2 çay kaşığı toz köri
- Taze çekilmiş karabiber
- 1 misket limonunun suyu
- 8 ila 10 taze kişniş dalı

TALİMATLAR:

a) Yüksek ateşte kaynatmak için büyük bir su kabı getirin. Ateşi kapatın ve erişteleri ekleyin. Erişte opak olana kadar 4 ila 5 dakika bekletin. Erişteleri bir kevgir içinde dikkatlice boşaltın. Erişteleri soğuk suyla durulayın ve bir kenara koyun.

b) Küçük bir kapta karidesleri balık sosuyla (kullanılıyorsa) baharatlayın ve 5 dakika bekletin. Balık sosu kullanmak istemiyorsanız, bunun yerine karidesleri baharatlamak için bir tutam tuz kullanın.

c) Wok tavayı orta-yüksek ateşte bir damla su cızırdayana ve temas ettiğinde buharlaşana kadar ısıtın. 2 yemek kaşığı hindistancevizi yağını dökün ve wokun tabanını kaplamak için döndürün. Küçük bir tutam tuz ekleyerek yağı baharatlayın. Karides ekleyin ve 3 ila 4 dakika ya da karides pembeye dönene kadar karıştırın. Temiz bir kaseye aktarın ve kenara koyun.

d) Kalan 1 yemek kaşığı hindistancevizi yağını ekleyin ve tavayı kaplayacak şekilde çevirin. Soğan, dolmalık biber ve sarımsağı, soğan ve biberler yumuşayana kadar 3 ila 4 dakika karıştırarak kızartın. Bezelye ekleyin ve yaklaşık bir dakika daha tamamen ısıtılana kadar karıştırın.

e) Domuzu ekleyin ve karidesleri wok'a geri koyun. Köri tozu ile karıştırın ve tuz ve karabiber ekleyin. Erişte ekleyin ve birleştirmek için fırlatın. Diğer malzemelerle hafifçe karıştırmaya devam ettiğinizde erişte parlak bir altın sarısı renge dönüşecektir. Erişte tamamen ısınana kadar yaklaşık 2 dakika karıştırarak kızartmaya ve fırlatmaya devam edin.

f) Erişteleri bir tabağa aktarın, üzerine limon suyu gezdirin ve kişnişle süsleyin. Hemen servis yapın.

99. Napa Lahanalı Cam Erişte

İÇİNDEKİLER:

- ½ pound kurutulmuş tatlı patates eriştesi veya maş fasulyesi eriştesi
- 2 yemek kaşığı hafif soya sosu
- 2 çay kaşığı koyu soya sosu
- 1 yemek kaşığı istiridye sosu
- 1 çay kaşığı şeker
- 2 yemek kaşığı bitkisel yağ
- 2 soyulmuş taze zencefil dilimi
- koşer tuzu
- 1 çay kaşığı Sichuan karabiber
- 1 küçük baş napa lahana, ısırık büyüklüğünde parçalar halinde doğranmış
- ½ pound yeşil fasulye, kesilmiş ve ikiye bölünmüş
- 3 taze soğan, iri kıyılmış

TALİMATLAR:

a) Büyük bir kapta, erişteleri sıcak suda 10 dakika veya yumuşayana kadar ıslatarak yumuşatın. Erişteleri bir kevgir içinde dikkatlice boşaltın. Soğuk suyla durulayın ve bir kenara koyun.

b) Küçük bir kapta hafif soya, koyu soya, istiridye sosu ve şekeri karıştırın. Kenara koyun.

c) Wok tavayı orta-yüksek ateşte bir damla su cızırdayana ve temas ettiğinde buharlaşana kadar ısıtın. Yağı dökün ve wokun tabanını kaplamak için döndürün. Zencefili, küçük bir tutam tuzu ve Sichuan karabiberlerini ekleyerek yağı tatlandırın. Zencefili hafifçe döndürerek yaklaşık 30 saniye yağda cızırdamaya bırakın. Zencefil ve karabiberleri çıkarın ve atın.

d) Napa lahanayı ve yeşil fasulyeleri wok tavaya ekleyin ve karıştırarak 3 ila 4 dakika sebzeler solana kadar karıştırarak kızartın. Sosu dökün ve birleştirmek için fırlatın.

e) Erişte ekleyin ve sos ve sebzelerle birleştirmek için fırlatın. Örtün ve ısıyı ortama indirin. 2 ila 3 dakika veya erişte şeffaf hale gelene ve yeşil fasulye yumuşayana kadar pişirin.

f) Isıyı orta-yüksek seviyeye yükseltin ve wok'u ortaya çıkarın. Sos hafifçe kalınlaşana kadar 1 ila 2 dakika daha karıştırın, fırlatın ve kepçeleyin. Bir tabağa aktarın ve taze soğan ile süsleyin. Sıcak servis yapın.

100. hakka erişte

İÇİNDEKİLER:

- ¾ pound taze un bazlı erişte
- 3 yemek kaşığı susam yağı, bölünmüş
- 2 yemek kaşığı hafif soya sosu
- 1 yemek kaşığı pirinç sirkesi
- 2 çay kaşığı açık kahverengi şeker
- 1 çay kaşığı sirke
- 1 çay kaşığı biber yağı
- koşer tuzu
- öğütülmüş beyaz biber
- 2 yemek kaşığı bitkisel yağ
- 1 yemek kaşığı soyulmuş ince kıyılmış taze zencefil
- ½ baş yeşil lahana, kıyılmış
- ½ kırmızı dolmalık biber, ince şeritler halinde dilimlenmiş
- ½ kırmızı soğan, ince dikey şeritler halinde dilimlenmiş
- 1 büyük havuç, soyulmuş ve jülyen doğranmış
- 2 diş sarımsak, ince kıyılmış
- 4 taze soğan, ince dilimlenmiş

TALİMATLAR:

a) Bir tencereye su kaynatın ve erişteleri paketteki talimatlara göre pişirin. Süzün, durulayın ve 2 yemek kaşığı susam yağı ile atın. Kenara koyun.

b) Küçük bir kapta hafif soya, pirinç sirkesi, esmer şeker, sriracha, acı biber yağı ve birer tutam tuz ve beyaz biberi karıştırın. Kenara koyun.

c) Wok tavayı orta-yüksek ateşte bir damla su cızırdayana ve temas ettiğinde buharlaşana kadar ısıtın. Wok tavasının tabanını kaplamak için bitkisel yağı dökün ve döndürün. Zencefil ve küçük bir tutam tuz ekleyerek yağı baharatlayın. Zencefili hafifçe döndürerek yaklaşık 10 saniye yağda cızırdamaya bırakın.

d) Lahana, dolmalık biber, soğan ve havucu ekleyin ve 4 ila 5 dakika veya sebzeler yumuşayana ve soğan hafifçe karamelleşmeye başlayana kadar karıştırarak kızartın. Sarımsağı ekleyin ve yaklaşık 30 saniye daha kokulu olana kadar karıştırın. Sos karışımını karıştırın ve kaynatın. Isıyı ortama çevirin ve sosu 1 ila 2 dakika pişirin. Yeşil soğanları ekleyin ve birleştirmek için fırlatın.

e) Erişte ekleyin ve birleştirmek için fırlatın. Erişteleri ısıtmak için ısıyı orta-yüksek seviyeye yükseltin ve 1 ila 2 dakika karıştırarak kızartın. Bir tabağa aktarın, kalan 1 yemek kaşığı susam yağını gezdirin ve sıcak servis yapın.

ÇÖZÜM

Evde Paket Servis sadece bir yemek kitabı değil, Çin mutfağının çeşitli ve lezzetli dünyasında bir yolculuktur. Her biri güzel renkli bir görselin eşlik ettiği 100 ağız sulandıran tarifle bu yemek kitabı, en sevdiğiniz Çin yemeklerini evde tekrarlamanız için ilham ve rehberlik sağlıyor.

Farklı tarifleri keşfederken, Çin mutfağının cesur ve karmaşık lezzetlerinin ardındaki sırları keşfedeceksiniz. Ayrıca ev yemeklerinizi bir üst seviyeye çıkarmak için geleneksel Çin malzemelerini ve tekniklerini nasıl kullanacağınızı da öğreneceksiniz.

Bu yemek kitabının sonuna geldiğinizde, Çin yemek sanatı ve sunduğu sonsuz olasılıklar için yeni bir takdir kazanmış olacaksınız. İster akşam yemeği misafirlerinizi etkilemek, ister sadece ailenizle lezzetli bir yemeğin tadını çıkarmak isteyin, Evde Paket Servis, tekrar tekrar döneceğiniz değerli bir kaynak olacaktır.

Ingram Content Group UK Ltd.
Milton Keynes UK
UKHW021149220623
423869UK00009B/53